U0619309

World
Cultural Heritage from
Snowy Regions

The Potala Palace

Snowy Regions

《布达拉宫——来自雪域的世界文化遗产》编委会

主　　编：郑　晶　党　单

副 主 编：徐　飞　陈晶晶

展览总策划：郑　晶　党　单

项目总协调：陈晶晶

展 览 支 持：贡嘎扎西　普　智　谷加海　边巴洛桑　边　巴　扎西次仁

展览负责人：徐小虎　孙思源

内 容 策 划：孙思源　谈叶闻　阿　龙　巴桑潘多　赵世睿　拉巴卓玛

形 式 设 计：谈叶闻　刘丽婷　孙　唤

展 览 协 助：陈尼玛　洛桑多吉　李景飞　布尼玛　旦增桑珠　强巴卓玛　德　吉　次仁玉珍　格桑曲吉
次仁占堆　巴　桑　旦　绕　丹增庆热　扎西拉姆　陈学莲　冷本凯

展 览 配 合：任彦馨　顾　婧　刘　勤　崔　丹　刘世发　陈思文　吴从浩　张　园　杨天佑　陶晨泽
高　洋　杨　洁　张晴羽　罗　进　梅雨生　田　帅　王一鸣　任子颖　沈玉璋　朱聿婧
杨　静　王　鑫　孙一峰

文 物 摄 影：张锋雷　张　弛　黄天骥

鸣　　谢：西藏自治区布达拉宫管理处

ཕོ་བྲང་པོ་ཏ་ལ། 布达拉宫

“文化遗产”系列

来自雪域的世界文化遗产

World Cultural Heritage from Snowy Regions

中国大运河博物馆 编

ZHEJIANG UNIVERSITY PRESS
浙江大学出版社

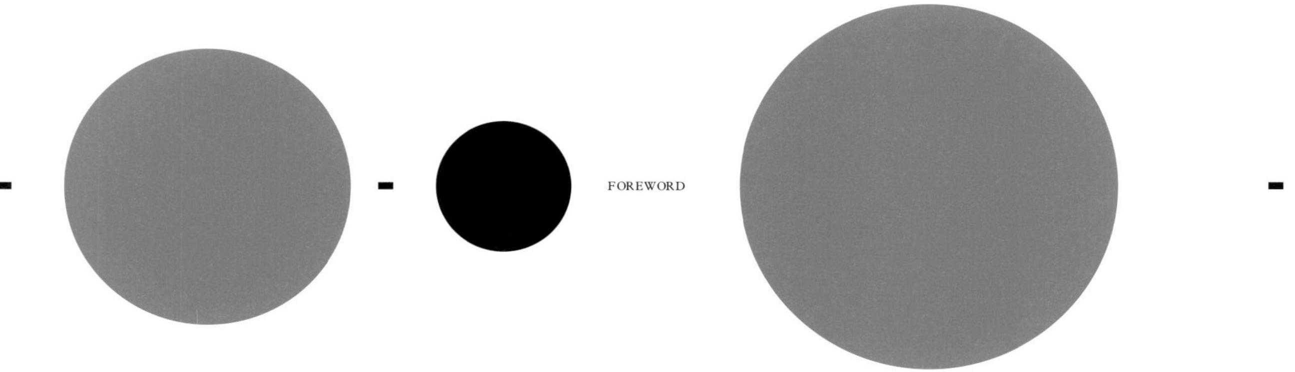

FOREWORD

序一

布达拉宫是举世罕见的藏式宫堡式古建筑群，是我国古代建筑中的一大杰作。布达拉宫建筑本身具有极高的历史、艺术和科研价值，宫内还保存着大量的珍贵文物。 西藏各族人民以勤劳的双手和聪明智慧，创造了具有西藏地方特色的文化，在伟大的中华文明发展史上写下了极其光辉的一页。

布达拉宫传世文物不仅反映了藏族优秀传统文化艺术的特点，也反映了藏、汉等各民族文化的交流交融，是中华民族团结友爱、共创文明的历史见证。

习近平总书记在文化传承发展座谈会上发表重要讲话：在新的起点上继续推动文化繁荣、建设文化强国、建设中华民族现代文明，是我们在新时代新的文化使命。[1] 我们要坚定文化自信、担当使命、奋发有为，共同努力创造属于我们这个时代的新文化，建设中华民族现代文明。

此次“布达拉宫”展览，使布达拉宫以运河为媒介，与更多的祖国观众建立起紧密的联系，乘风而上，逐浪而行。这是布达拉宫首次举办与自治区外博物馆的合作展览，以此来展示布达拉宫的文化内涵，促进行业交流，加强民族团结。

展览以布达拉宫的建筑为始，娓娓道来，那巍峨的宫殿映照在蓝天下，庄严肃穆；在白云的烘托中，更显辉煌壮观；在红山上静静地守望，诉说着历史的辉煌；在岁月的流逝中，成为传说。如今依旧伫立，绽放光彩，令人心生敬畏。

再凝望布达拉宫传世文物，或旁观，或置身其中，它们作为历史的使者，在时间的长河中成为永恒，讲述着藏族人民的灿烂文明、历史文化、民族精神。

通过举办此次展览，我们不仅希望借助这些体现藏族文化精髓的艺术珍品来展现西藏优秀的文化成果，弘扬悠久的西藏传统文化，更希望通过这些珍贵的历史文物让观众感受西藏独有的魅力。顺运河之势，踏浪前行，在对大美中华文明的追寻之中，汲取走向未来的力量。

是为序。

西藏自治区布达拉宫管理处处长

※ 1.《在文化传承发展座谈会上的讲话》，《人民日报》2023 年 9 月 1 日第 1 版。

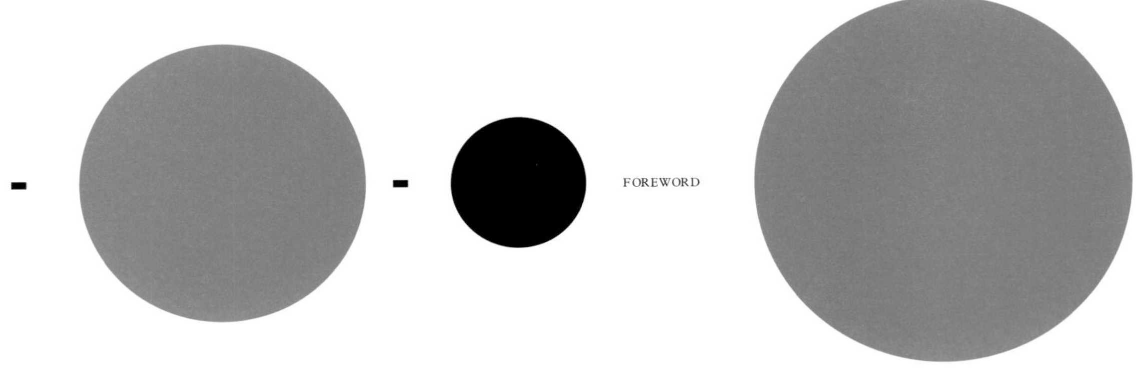

FOREWORD

序二

习近平总书记强调：文物和文化遗产承载着中华民族的基因和血脉，是不可再生、不可替代的中华优秀文明资源。[1]

2022年，中国大运河博物馆（简称中运博）以水为脉、以物铸魂，开启了“文化遗产”系列特展，让永乐宫的凝神碧落、天宫巍峨激起了众多观众思接千载的心绪，也为我国文化遗产的活化利用做出了有益探索。

值此甲辰之春，布达拉宫申遗成功30周年之际，中运博“文化遗产”系列特展再度横跨千里，将雪域奇珍迎入展厅，带观众走近娑婆净土中屹立千年的西藏布达拉宫。布达拉宫与大运河同属世界文化遗产，她是当今世界海拔最高、规模最大的宫堡式建筑群。她雄踞拉萨市红山之巅，殿宇重叠、气贯苍穹，凝结着人民智慧，展现着民族交流，以其辉煌的雄姿和浩瀚的珍宝被誉为“世界屋脊的文化艺术宝库”。

中运博将以此次特展揭开布达拉宫神秘的面纱，展现其在构建中华民族文化共同体和世界文化遗产宝库中不可或缺的重要地位。独特的地垄、巍峨的宫墙、多彩的唐卡、精美的造像、珍贵的典籍，随着初建、修缮、保护，于四方持续向雪域蓝天汇聚，共同铸就布达拉宫这一经久不衰的千古传奇。

本次展览的策划和实施，得到了西藏自治区文物局与布达拉宫管理处的鼎力支持，衷心感谢他们的慷慨与无私相助，各方的精诚合作得以让布达拉宫之外所藏文物最集中的展览首次呈现于中国大运河博物馆。

希望广大观众和文化遗产爱好者能够通过此次特展打开一扇深入了解布达拉宫的窗口，全景观瞻巍峨宫堡，近距离窥见所藏珍贵文物，身临其境体味这座文化遗产宝库蕴藏的丰富内涵，从而领略悠久而灿烂的中华民族历史文化，铸牢中华民族共同体意识，激发文化遗产保护与传承的赤子之心。

是为序。

郑晶

中国大运河博物馆馆长

※ 1.《把中国文明历史研究引向深入　推动增强历史自觉坚定文化自信》，《人民日报》2022年5月29日第1版。

目录

NOTES

凡 例 NOTES

一、本书为 2024 年 2 月中国大运河博物馆举办的“布达拉宫——来自雪域的世界文化遗产”特展图录，主体章节依据展览结构编排。

二、本书所呈现的文物来自西藏自治区布达拉宫管理处。

三、本书文物基本信息包括名称、时代、材质、尺寸及收藏单位等；对重要文物进行详细的描述及阐释；对存在逻辑关联的多件组合文物，采取组合的解读方式。

1. 文物命名及描述遵循常例，藏文音译字取通用用法，或有不同译法，不另作说明。部分存在争议的器物命名、解读，以当前最新研究成果为准。

2. 尺寸以高（通高）、长（口径、面阔）、宽（腹径、底径、厚、进深）等为序。文物尺寸数据来自收藏单位。

3. 文物说明不列注释，所涉及的参考书目在书末集中列出，以方便查阅。

四、铭文的释读、藏文的翻译来西藏自治区布达拉宫管理处洛桑多吉、巴桑潘多、多吉平措。或有不同译法，不另作说明。

五、考虑到阅读习惯和排版需要，本书部分文物与展览中放置的顺序有所不同，对于有所调整的文物，不另作说明。

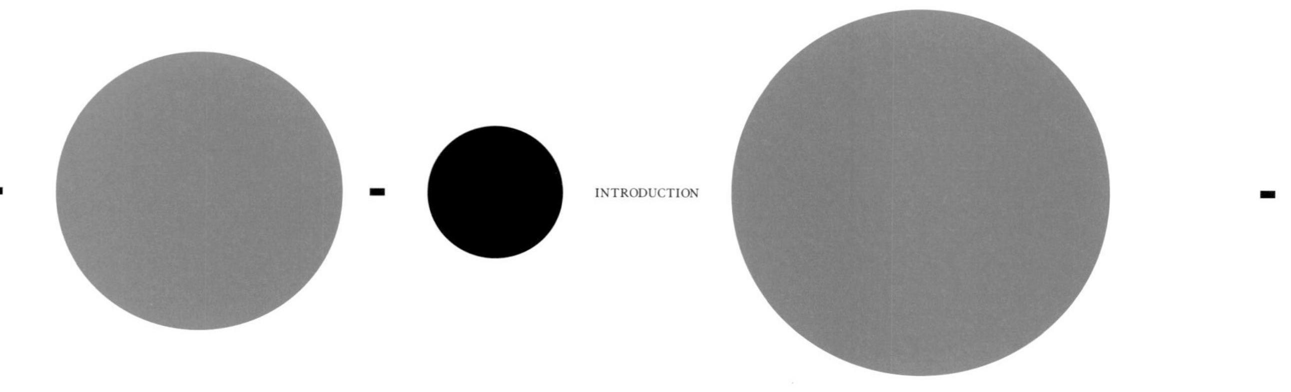
INTRODUCTION

导　言　INTRODUCTION

布达拉宫位于西藏自治区拉萨市的红山之巅，海拔约3700米，占地面积40余万平方米，建筑面积约13万平方米，共13层，整体建筑比天而立，高达117米。布达拉宫具有宫殿、灵塔殿、大殿、佛殿、经堂、重要职能机构办公处、僧官学校、宿舍、庭院、回廊等诸多功能性建筑，是一座规模宏大的藏式风格宫堡式建筑。

1961年，布达拉宫被列入第一批全国重点文物保护单位；1994年，被联合国教科文组织列入《世界遗产名录》。作为藏族古代建筑的杰出代表，布达拉宫囊括了藏族在文化、艺术等方面的所有精华，被誉为“世界屋脊的文化艺术宝库”。

布达拉宫的建筑和文物保护工作一直备受党中央和国家的重视。1989—1994年，国家累计拨款5000多万元，对布达拉宫进行了首次整体大修；2002—2009年，再次投资约1.793亿元，用于壁画保护修复、雪城保护维修、环境整治和公用辅助工程配置；2018年，计划投资3亿元，启动“布达拉宫文物（古籍文献）保护利用项目”。历经两期维修，布达拉宫以崭新的面貌重现在世人面前，静静地谱写着统一的多民族国家守望相助、铸牢中华民族共同体意识的新篇章。

千年巍峨

1

布达拉宫坐落在“日光之城”——拉萨，因此展厅空间以“阳光”为线索贯穿始终，引导着观众一步步深入了解布达拉宫。

展览序厅为“日升”，取布达拉宫的旭日初升为主题，

“相等帝释美妙宫，罗刹王威城相同。”坐落在世界屋脊的布达拉宫有着1300多年历史，其营建肇始于公元7世纪，后于17世纪40年代兴工重建，直至20世纪30年代形成今日气势恢宏的宫堡式古建筑群，是目前西藏地区规模最大、保存最完整、功能最齐备的宫殿。布达拉宫所用建筑材料主要为土、木、石三种，在因地制宜的同时又包含着严密的科学计算，梁柱顶墙、地面门窗、壁画宝幢，无一不向世人展现着布达拉宫的独一无二。

第一单元　雪域之巅

据史书记载，公元 7 世纪 40 年代，吐蕃第三十二代赞普松赞干布迎娶文成公主，“为公主筑一城以夸后世”，建造了高九层的大型王宫宫殿群。17 世纪 40 年代，五世达赖喇嘛阿旺罗桑嘉措重建布达拉宫，自此以后，历代达赖喇嘛都将政权中心设在这里，在白宫处理一切政教事务，并设立了一套完整的管理行政体制。17 世纪末，摄政王第司桑杰嘉措修建五世达赖喇嘛灵塔殿，进行了更大规模的重修和扩建。20 世纪 30 年代，随着高三层的十三世达赖喇嘛灵塔殿落成，布达拉宫逐渐形成今日之规模。

布达拉宫营建史

布达拉宫屹立在拉萨河谷平原红山上。早在吐蕃王朝的松赞干布时代，就已经在红山上修筑王宫，至赤松德赞时期，王宫因雷击引起火灾遭到破坏。此后曾有高僧在此讲法。直至清初，甘丹颇章地方政权建立，拉萨重新成为西藏地方政权的政治中心，五世达赖喇嘛在红山顶上再次兴建布达拉宫，作为一个政教合一的宫堡，供达赖驻锡之用。布达拉宫的主体建筑主要是在 17 世纪中期及稍后时期营建的，但直到 20 世纪初十三世达赖喇嘛时期的 300 多年间，布达拉宫一直在不断地改修扩建。

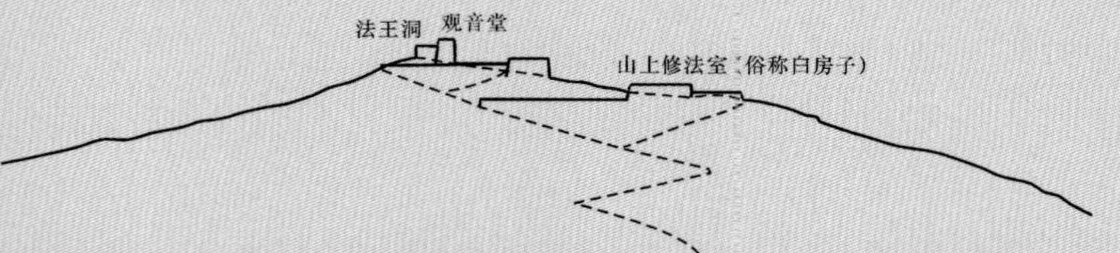

红山早期建筑遗址想象［清顺治二年（1645）前，松赞干布时期］

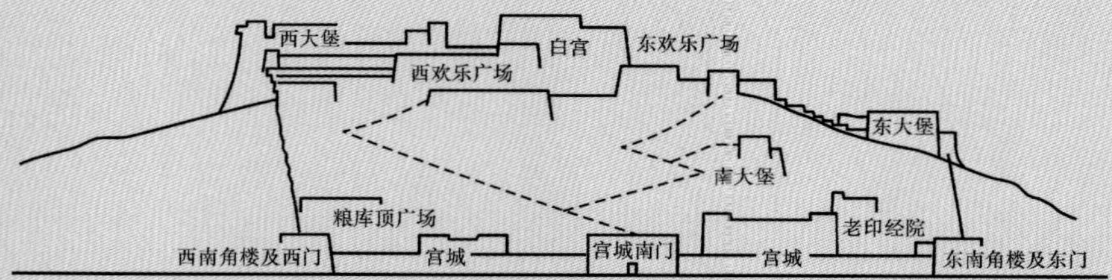

1645—1647年修建白宫后的布达拉宫

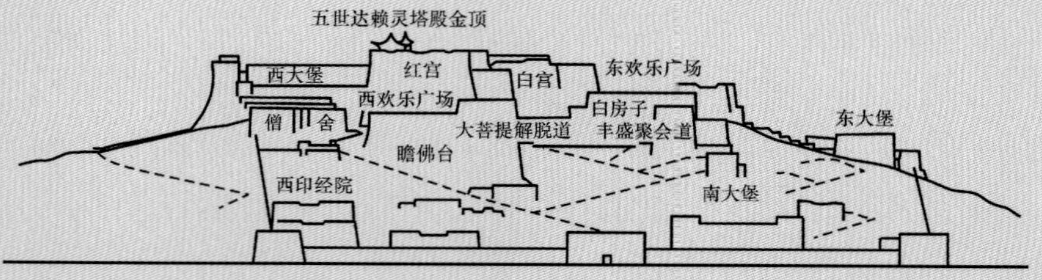

1691—1693年修建红宫后的布达拉宫

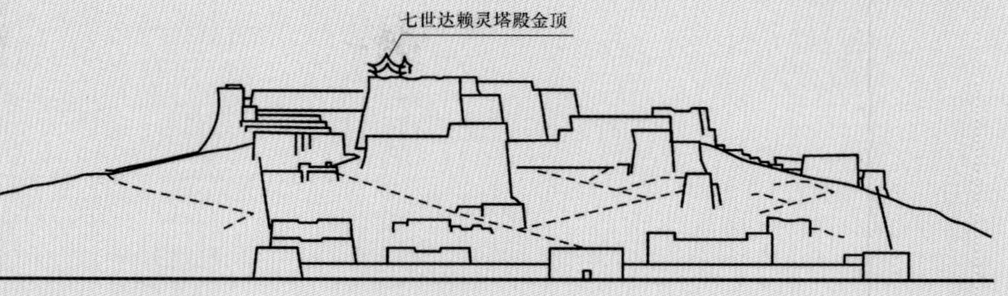

1757年七世达赖圆寂后的布达拉宫

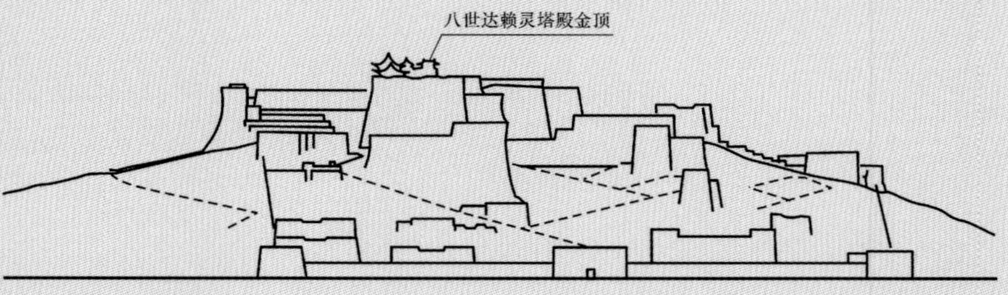

1804年八世达赖圆寂后的布达拉宫

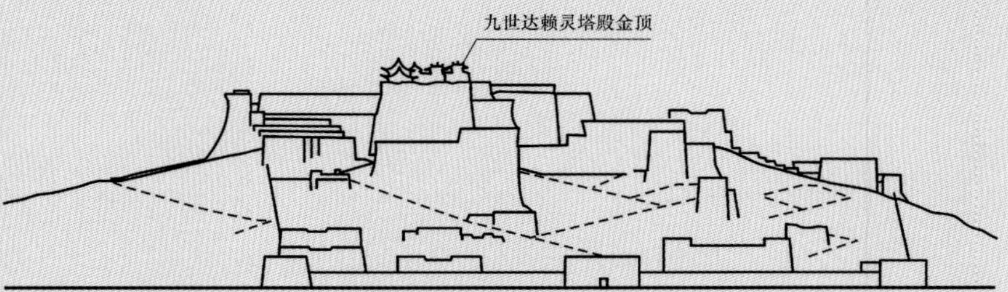

1815年九世达赖圆寂后的布达拉宫

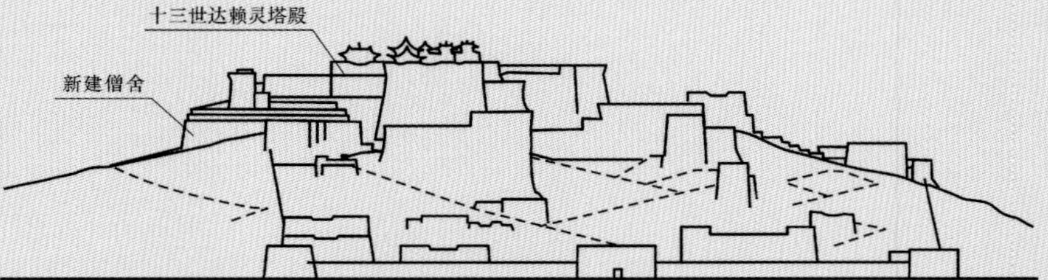

1933年十三世达赖圆寂后的布达拉宫

※ 图片来源：西藏建筑勘察设计院、中国建筑技术研究院历史所主编：《布达拉宫》，中国建筑工业出版社 2011 年版。

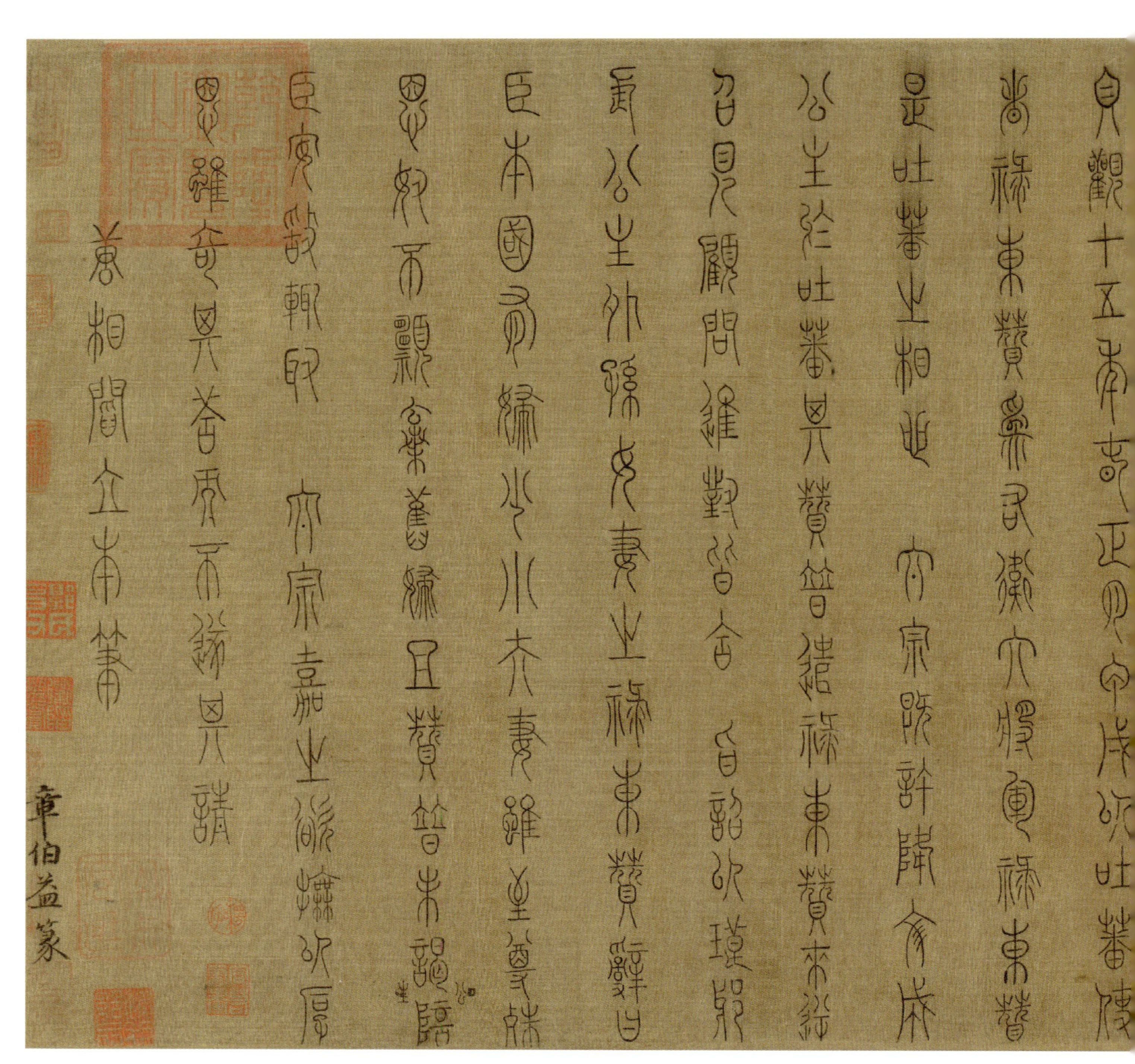

唐代阎立本绘《步辇图》卷

唐

绢本

长 129 厘米，宽 38.5 厘米

故宫博物院藏

松赞干布像

公元 14 世纪
合金铜
高 33 厘米, 宽 25 厘米
布达拉宫管理处藏

松赞干布，吐蕃第三十二代赞普，建立吐蕃王朝，定都逻娑（今拉萨），修建布达拉宫。他在位期间励精图治，制定一系列法律，统一度量衡，创制藏文，迎娶尼泊尔赤尊公主和唐朝文成公主，修建大小昭寺，对吐蕃政治、经济、文化发展及加强与周边民族之间的联系，均有重大贡献。此尊松赞干布像头戴白色毡帽，面目清秀，着三角大翻领袍，长袍束腰，饰耳环、项链，发辫披肩而下，双手于腹前结禅定印，结全跏趺。造像比例匀称，形态优美。

唐贞观八年（634），吐蕃赞普松赞干布遣使臣到长安，向唐朝求婚联姻，唐太宗李世民决定将文成公主许配给松赞干布。贞观十五年（641）春天，松赞干布派噶尔东赞（禄东赞）到长安迎接文成公主，唐太宗则派礼部尚书、江夏郡王李道宗陪同文成公主进吐蕃。文成公主带去了中原地区的很多文化典籍，还有各种行业的工匠随行，对于促进吐蕃经济文化的发展起到了重要的作用。

画面右侧绘唐太宗坐于六名女侍所抬的步辇之上，两侧各有一名女侍举扇，后跟随一名女侍举伞，太宗着圆领袍服，手握一只长方形盒，置于膝上。左侧有三人面对太宗躬身而立：着朱色圆领长袍、双手执笏、脸上长满髭须者，为唐朝官员；着圆领对襟、上饰有鸟兽团花纹的长袍者，为吐蕃使臣禄东赞；着白色圆领长袍、双手执笏者，一般被认为是翻译官。

文成公主像

公元 12 世纪
泥塑
高 128.5 厘米，宽 74 厘米
布达拉宫管理处藏

此像位于布达拉宫法王洞内。从左至右分别为：文成公主、松赞干布、赤尊公主。

清代绘吐蕃时期布达拉宫

清　顺治（1645—1648）

矿物颜料

高 280 厘米，宽 270 厘米

布达拉宫白宫门庭北壁

数字化壁画

清代布达拉宫红宫修砌图

清　康熙（1690—1694）

矿物颜料

高 215 厘米，宽 290 厘米

布达拉宫红宫二层回廊东壁

搬运石料场景壁画（局部）

清　康熙（1690—1694）

矿物颜料

高 42 厘米，宽 55 厘米

布达拉宫红宫二层回廊东壁

描绘了修建红宫时，从底热等地挖运石块的情景。

运输石料场景壁画（局部）

清　康熙（1690—1694）

矿物颜料

高 43 厘米，宽 53 厘米

布达拉宫红宫二层回廊东壁

描绘了修建红宫时，用牛皮船从冈云等地水运石料的情景。

布达拉宫红宫竣工图

清　康熙（1690—1694）

矿物颜料

高 126 厘米，宽 160 厘米

布达拉宫红宫二层回廊南壁

再现了 1693 年红宫竣工庆典场景。大殿顶部有高僧讲经说法的场景，有跳宗教法舞的场面，也有布阵击鼓的场面。林卡中有人在举弓射箭，有人在跑马比赛，有人在摔跤比武，有人在抱石比力，更多的僧俗民众在观赏典礼，载歌载舞，热闹非凡。

五世达赖喇嘛

“后因藏王莽松作乱，官兵拆毁布达拉，仅存观音佛堂一所。嗣经五辈达赖喇嘛掌管佛教，兼管民间事务，修立白寨，又有代办事务之桑结嘉木磋，修立红寨，及内外房屋，金殿佛像。”（《卫藏通志》卷六）

五世达赖喇嘛阿旺罗桑嘉措（1617—1682），出生于山南琼结帕竹噶举的一个世袭贵族家庭，家族世袭日喀则宗本。6 岁被认定为四世达赖喇嘛的转世灵童，迎至拉萨哲蚌寺供养，9 岁拜四世班禅为师受沙弥戒，21 岁又从四世班禅受比丘戒。1642 年，阿旺罗桑嘉措建立甘丹颇章地方政权，执政 41 年。1645 年，为巩固政教合一的甘丹颇章地方政权，他下令重建布达拉宫。1652 年，阿旺罗桑嘉措进京觐见顺治皇帝，顺治帝册封其为“西天大善自在佛所领天下释教普通瓦赤喇怛喇达赖喇嘛”，并赐予汉、蒙、藏三体文字的金印金册。也正是因为清政府的这次册封，五世达赖喇嘛作为西藏宗教最高领袖的地位得以正式确认。1682 年，他圆寂于布达拉宫，被尊称为“阿巴钦波”（意为伟大的五世）。五世达赖喇嘛对于西藏地区当时的宗教、政治、文化发展，以及藏族与汉族、蒙古族、满族等民族关系的发展起到重要作用，也有效地促成了格鲁派政教权力的统一。与此同时，他在宗教、历史、文学、历法和藏医药等方面都有颇高造诣。

五世达赖喇嘛朝觐顺治皇帝壁画

清　康熙（1690—1694）

矿物颜料

高 128 厘米，宽 106 厘米

布达拉宫西大殿东壁

该壁画于 17 世纪布达拉宫红宫扩建后绘制在西大殿东壁上，反映的是 1652 年五世达赖喇嘛朝觐顺治皇帝的情景。壁画人物众多，场面宏大，特别是对顺治帝与五世达赖喇嘛的座次高低、年龄差异和着装式样等，作了详细描绘。1653 年 5 月，清政府正式册封五世达赖喇嘛为“西天大善自在佛所领天下释教普通瓦赤喇怛喇达赖喇嘛”。

五世达赖喇嘛像

清

鎏金铜

高 39 厘米，底座长 35 厘米，宽 26.4 厘米

布达拉宫管理处藏

此像为红铜铸造，除面部泥金外，通体鎏金。颊颐饱满，上唇有须，面容沉静。左手置于腹前，右手施说法印，捻持莲花。跏趺坐于方垫上。身着袒右式袈裟，内穿交领式僧衣。衣褶线条流畅，袈裟下摆自然铺于坐垫前沿。

底座背部刻有藏文铭文，意为：顶礼遍知阿旺罗桑嘉措。

金宝地花卉纹斗篷

清

锦、水獭皮、珠宝

通长 170 厘米

布达拉宫管理处藏

斗篷是藏族人经常穿着的服装。根据场合和穿着人员的不同，斗篷的式样和用料均有所差别。这种高档斗篷只有寺院的大活佛和堪布以上的僧官，在参加佛法仪式时才能够穿着。黄绸缎上绣满了花纹图案，并镶有多种珠宝，衣领上缝有名贵的水獭皮，背后绣有云龙纹。

金宝地花卉纹斗篷

仪仗、华盖

清

木、丝织品

仪仗尺寸不一；华盖：高 285 厘米，直径 156 厘米

布达拉宫管理处藏

此套仪仗、华盖组合为达赖喇嘛出行时使用。仪仗上的文字是清朝皇帝赐封达赖喇嘛的名号。其中的牌匾上书：“诚顺赞化西天大善自在佛总理普天释教达赖喇嘛”，是十三世达赖喇嘛的封号。

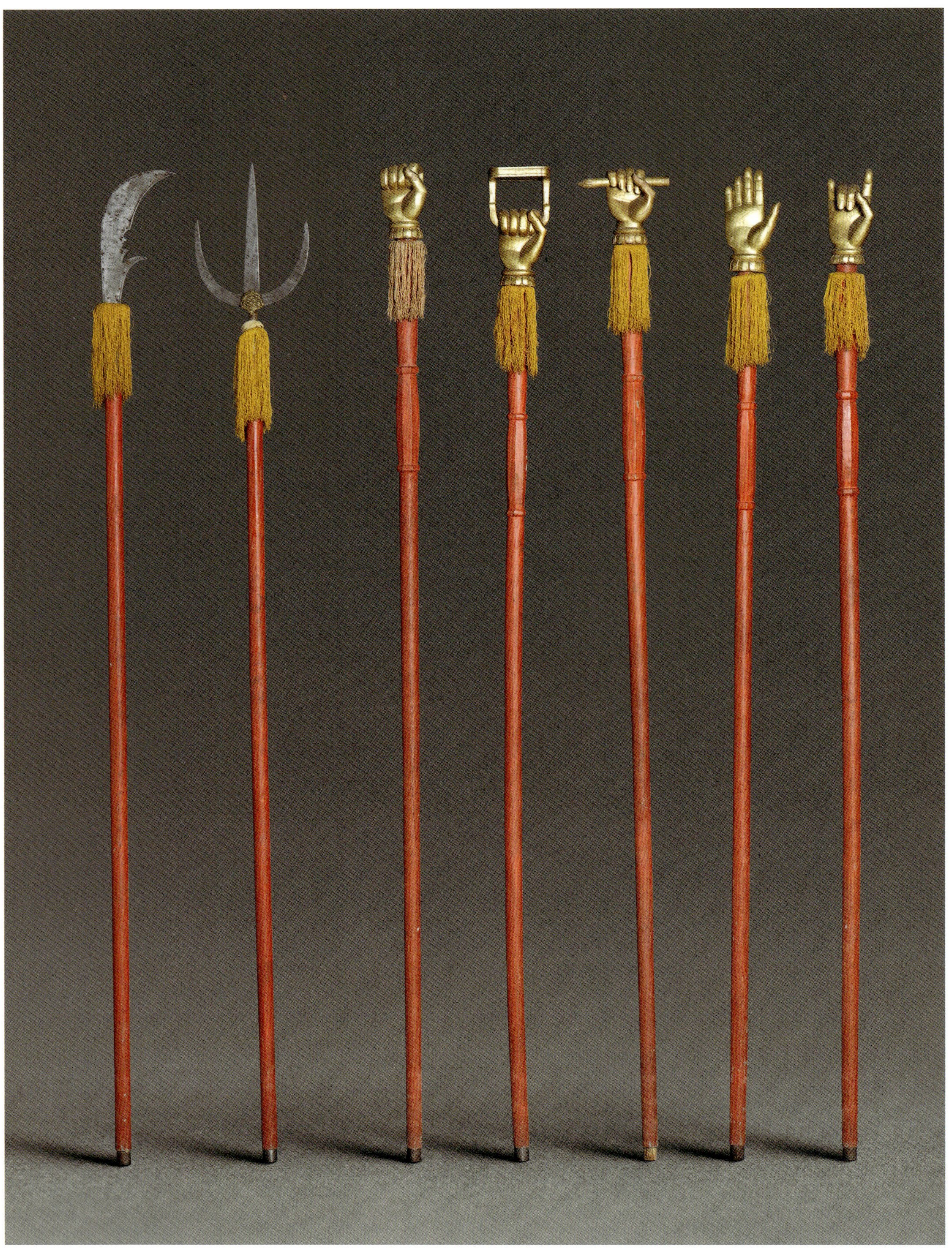

康熙皇帝长生牌位（复制品）

清 康熙

木

高 115 厘米，宽 70 厘米

布达拉宫管理处藏

该长生牌位系清康熙六十一年（1722），康熙皇帝派官员护送七世达赖喇嘛进藏坐床时赐予。牌位上用藏、汉、满、蒙古四种文字书写有“当今皇帝万岁万万岁”。当时供奉在红宫的殊胜三界殿（即萨松朗杰佛堂）内，现仍摆放于原地。自七世达赖喇嘛开始，每逢藏历新年初一和皇帝生日，都要到此朝拜，行三拜九叩之礼。

现存于布达拉宫红宫殊胜三界殿北侧龛内。

莲花生八名号像线描稿

莲花生八名号像

清

铜镀金

高 70 厘米，宽 47 厘米

布达拉宫管理处藏

莲花生，公元 8 世纪印度佛学大师，乌仗那（今巴基斯坦境内）地方人，博学显密经纶。751 年，应吐蕃赞普赤松德赞之请，入藏传播密法，建立桑耶寺，翻译经典。莲花生八名号是莲花生八种不同的化身，此造像为一棵枝叶繁茂的莲花，花枝中央最上端为无量寿佛；莲花花蕊中央端坐的是莲花生大师常见形象——头戴莲花帽，身着僧袍，一手托嘎巴拉碗，一手持金刚杵，周围莲枝上有其八种不同的化身像。主干下承有银质仰覆莲台座。造型独特，意境优美。

莲花生八名号像

“大悲超宗”金字匾额（复制品）

清　雍正

木

长 200 厘米，宽 95 厘米

布达拉宫管理处藏

清雍正皇帝赐予七世达赖喇嘛的匾额。“大悲超宗”，意为大慈大悲的超拔绝伦的一代宗师。原件悬挂于布达拉宫红宫西大殿观世音本生殿的门楣。

“涌莲初地”金字匾额（复制品）

清 乾隆

木

长 210 厘米，宽 94 厘米

布达拉宫管理处藏

清乾隆二十五年（1760），乾隆皇帝赐予八世达赖喇嘛的御笔匾额。“涌莲初地”，意为莲花出现的地方。莲，象征佛法；地，指布达拉宫。原件悬挂在布达拉宫最大的殿堂——红宫西大殿正中上方。

振錫綏疆

福田妙果

“振锡绥疆”金字匾额（复制品）

清 同治
木
长 185 厘米，宽 95 厘米
布达拉宫管理处藏

清同治皇帝御笔所书的有汉、满、藏、蒙古四种文字的匾额，由慈禧太后赐给十三世达赖喇嘛，“振锡绥疆”意为振兴、安定边疆。原件悬挂在布达拉宫白宫的东大殿北侧正中上方。

“福田妙果”金字匾额（复制品）

清 同治
木
长 178 厘米，宽 70 厘米
布达拉宫管理处藏

清同治皇帝赐予达赖喇嘛的御笔牌匾。原件悬挂在红宫圣观音殿门楣正中。

布达拉宫模型

第二单元　普陀洛迦

作为最具代表性的藏式宫堡式建筑群，布达拉宫既保留了藏族传统的碉楼体系、木石结构的特点，又吸取了中原殿堂建筑中的梁架、斗拱、藻井、屋脊等造法，并融汇了印度、尼泊尔等地具有异域特色的装饰，形成了独具一格的建筑形式。整个建筑既有中原建筑的传统结构，又有藏式建筑的雄伟外观，集中体现了我国各族工匠的超凡智慧，显示了我国传统建筑艺术的伟大成就。

布达拉宫建筑结构

布达拉宫的木结构和柱式是西藏建筑的重要组成部分，反映了藏式碉楼建筑的特点。在梁、柱（或墙）混合结构建筑中，木结构和内外墙体都是建筑的主体骨干，互为依存，没有主次之分，是共同负荷的承重结构。这也是与以木结构为主体、墙体仅起围护作用、“墙倒房不塌”的结构体系最根本的区别。西藏俗语云：“梁、椽齐备，美宅建成。”

布达拉宫的主要建筑平面均作回字形，外围一圈楼房装修内向，中部是天井庭院或纵横排列的柱网，中部凸起形成天窗阁。

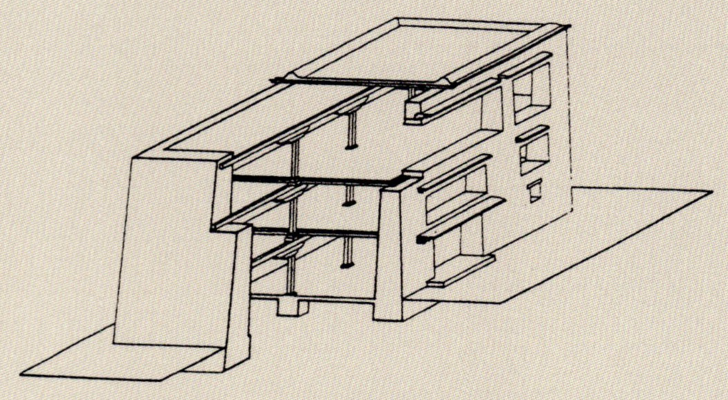

柱网结构建筑

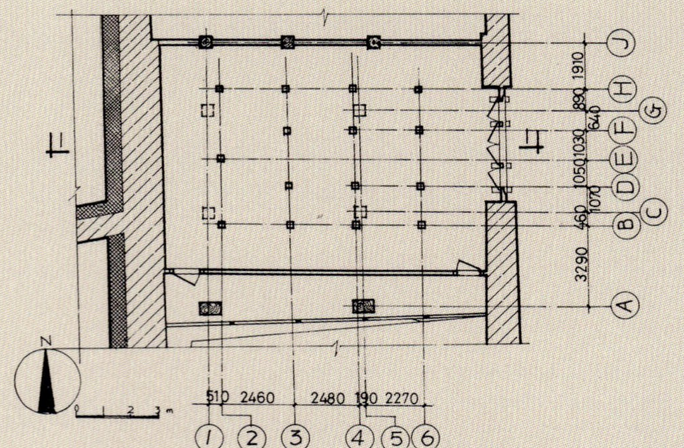

红宫建筑柱网平面

※ 图片来源：徐宗威主编：《西藏传统建筑导则》，中国建筑工业出版社 2004 年版；姜怀英、噶苏·彭措朗杰、王明星：《西藏布达拉宫修缮工程报告》，文物出版社 1994 年版。

白宫东大殿

柱网结构

柱网结构是西藏传统建筑的另一大特色。“柱间”是藏式建筑传统的基本计量单位之一，许多大型经堂、佛殿中的柱子都纵横排列成网状，柱距基本相等。一般的藏式传统建筑中很少有面积达数百甚至上千平方米的开敞大空间，但在寺庙建筑中却很常见，布达拉宫白宫门厅、东大殿等就是这种柱子林立的宽敞空间。空间中柱网的布置非常符合现代建筑的设计原理，采用了既经济又规整的纵横垂直布置的方形柱网。

“四柱八梁”是藏式建筑中最常见的结构，是指建筑内部有四根用于支撑的柱子，沿着进深方向与墙体结合，分别搭接六根主梁，而在水平方向的两根柱子之间再各搭接一根主梁，这种做法不仅可以很好地稳定建筑结构，也为在建筑中间建造天井创造了极好的结构条件。

17 世纪后，配合着高侧窗的设置，柱网形式有了一定的变化，主要是运用了“减柱”的手法。这种“减柱”的做法与元代中原地区常用的“减柱”有所不同，它是从规整的柱网中取掉正中的若干根柱子，与侧面的高窗设置相呼应，形成经堂内天井，营造出一个光影效果丰富的视觉中心。

地垄结构

地垄是布达拉宫建筑结构的重要特点。为了通风防潮，大约从明代开始，藏式建筑中出现了地垄的做法：先在地基上纵横起墙，上架椽木，铺筑地面，其上建房。一般建筑的地垄仅有一层，而布达拉宫由于建在陡峻的红山上，许多殿堂从山腰起基筑墙，地垄最多达八层，深 30 余米。如红宫西大殿地上只有五层，而地下（包括前面的西庭院）却有八层，白宫的地垄也有三层。这些地垄越靠下面，进深越小，越阴暗潮湿，而且多为封闭式结构，无法进入。

布达拉宫剖面

通过布达拉宫剖面，可以看到其特有的地垄构造。这种地基处理方式是干栏式建筑在高寒地区的变异，目的是在倾斜石坡上获取理想的建筑平面。

布达拉宫地垄结构模型

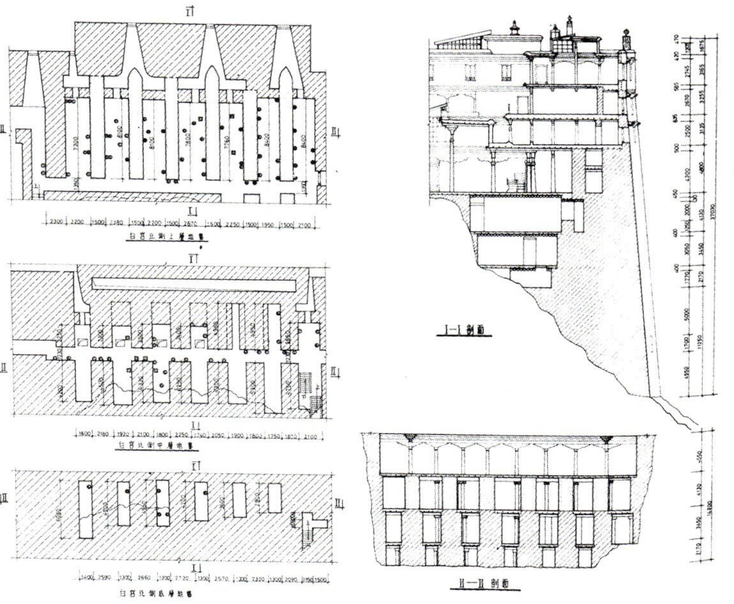

白宫北侧地垄结构

※ 图片来源：姜怀英、噶苏·彭措朗杰、王明星：《西藏布达拉宫修缮工程报告》，文物出版社 1994 年版。

刷成红色的白玛草墙

白玛草墙

白玛草，又称边玛草，其原料是柽柳枝，是一种生长在高寒地区的深山中的灌木，生长期慢，质地坚硬，枝干不易分杈。在长期的建筑实践中，西藏劳动人民根据其不弯曲、不易腐烂等特点，巧妙地将白玛草应用在建筑上，使其成为西藏地区一种特有的建筑装饰材料。以白玛草作为墙体材料，既可以减轻局部墙体的重量，也可以起到独特的装饰作用。

白玛草及其加工流程

①将采集来的柽柳枝去掉枝梢，剥除树皮后晾置；

②得到晾置干燥后的材料，即白玛草；

③将白玛草用湿牛皮绳捆绑成手臂粗细的小束，上下用木钉固定；

④砌置于墙体外侧；

⑤将其刷成红色。

墙面涂料

布达拉宫白墙的涂料是用白石灰、牛奶、白糖、冰糖等配制而成，红墙的涂料是由红糖、蜂蜜及藏红花等材料配制而成，具有保鲜、黏度高的特点。除了布达拉宫，西藏的许多寺庙也会用到这些香甜的涂料。

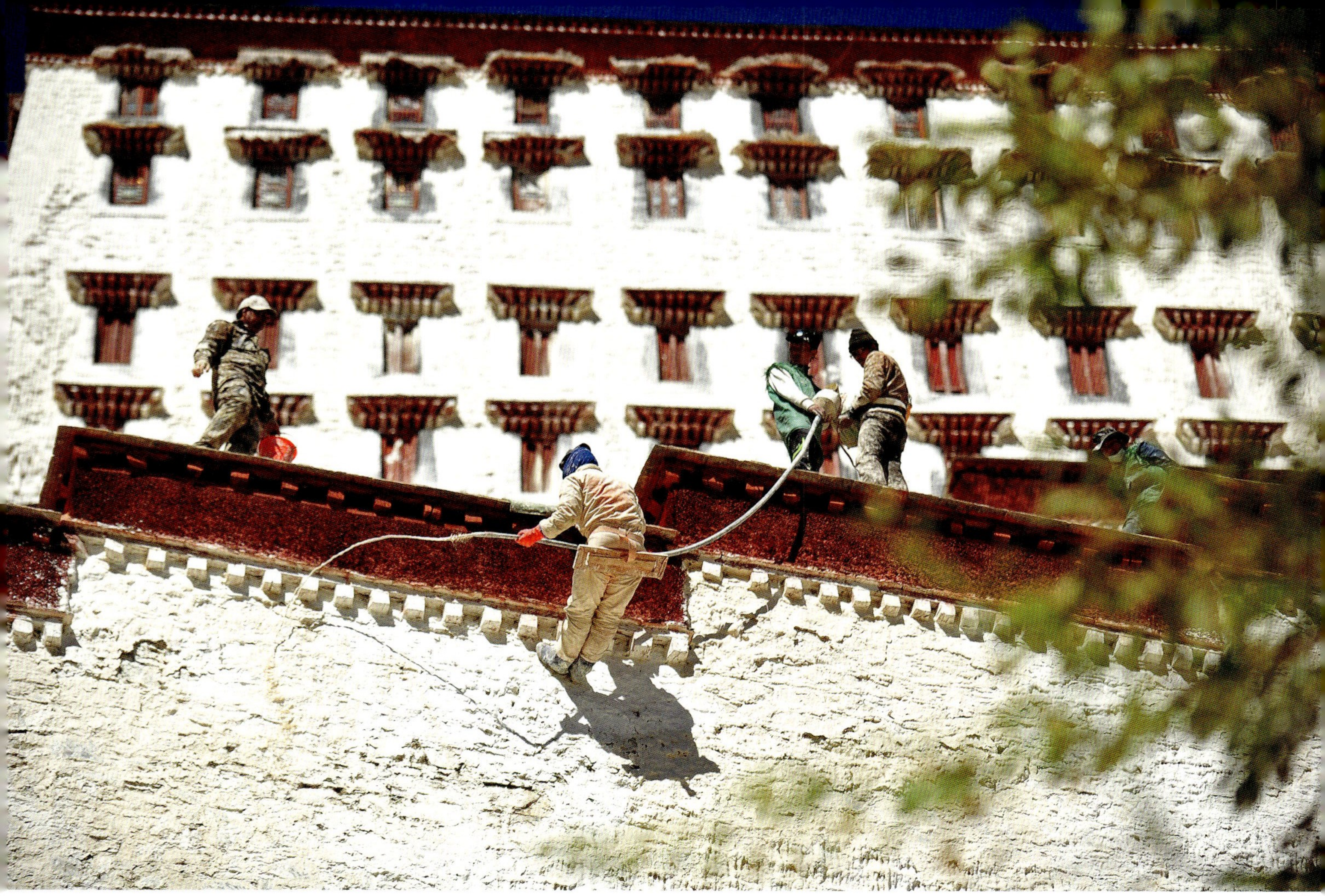

墙体粉刷

每年藏历九月，布达拉宫便会开启一年一度的墙体粉刷工程，这就是布达拉宫例行的“换新装”。每逢粉刷季，各地朝佛群众和四方游客不约而同地自发加入粉刷工作。布达拉宫每年一次的粉刷活动，不仅为了美观，更重要的是为了保护建筑本身。

“打阿嘎”

“打阿嘎”是藏族传统屋顶或屋内地面的修筑方法，所用原料为当地特有的名为“阿嘎土”的泥土。“打阿嘎”有一套完整的操作程序：首先将开采到的阿嘎土块捣成大小不等的颗粒，按从粗到细的顺序边浇水边进行夯打，直至表面平整光洁，然后涂抹天然胶类及油脂，增强表层的抗水性能。日常保养中须经常使用羊羔皮蘸酥油进行擦拭，使夯制的表面保持光洁。工匠们在修造地面时，手执木夯，分成两组，此起彼伏地唱着劳动歌，歌声统一着步调，夯土的声音即是节奏，这就是“打阿嘎”。

错金藏式锁

公元 18 世纪

铁错金

锁长 29 厘米，钥匙长 43 厘米

布达拉宫管理处藏

此为典型的藏式大锁，是布达拉宫白宫大门的锁。锁和钥匙周身遍布错金，锁身饰龙纹及错金缠枝纹。这种雕花错金是在金属主体上雕出设计好的纹饰，再在雕出的纹饰上填错黄金，工艺复杂，体现了工匠高超的技术水平。

钥匙柄上刻有藏文铭文，意为：汇聚圆满道钥匙。

金顶群

金顶群位于红宫之巅，在蓝天白云映衬下蔚为壮观，在日光照耀下金光四射。红宫第五层为屋顶平台，在平台的西、北两面是七个金顶屋面。从东至西依次为九世、八世达赖喇嘛灵塔殿金顶，圣观音殿金顶和七世、十世、五世、十三世达赖喇嘛灵塔殿金顶。金顶均为铜质镀金，最顶端安装有三根或五根锋利铁叉，具有避雷的作用。金顶下斗拱有五层象鼻斗拱和五层猪鼻斗拱，具有分散风力等作用。

金顶模型

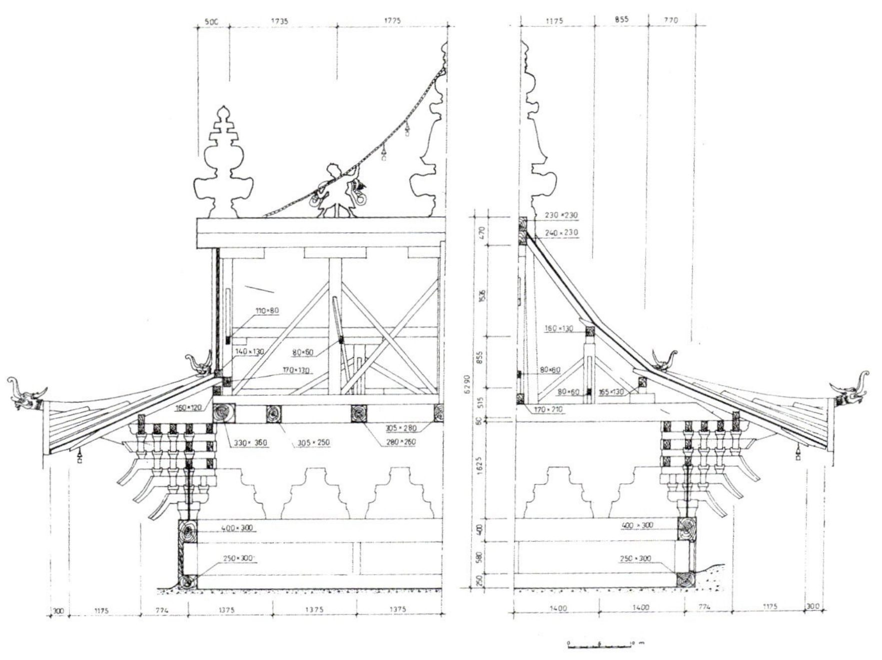

红宫五世达赖喇嘛灵塔殿金顶纵、横剖面

※图片来源：姜怀英、噶苏·彭措朗杰、王明星：《西藏布达拉宫修缮工程报告》，文物出版社 1994 年版。

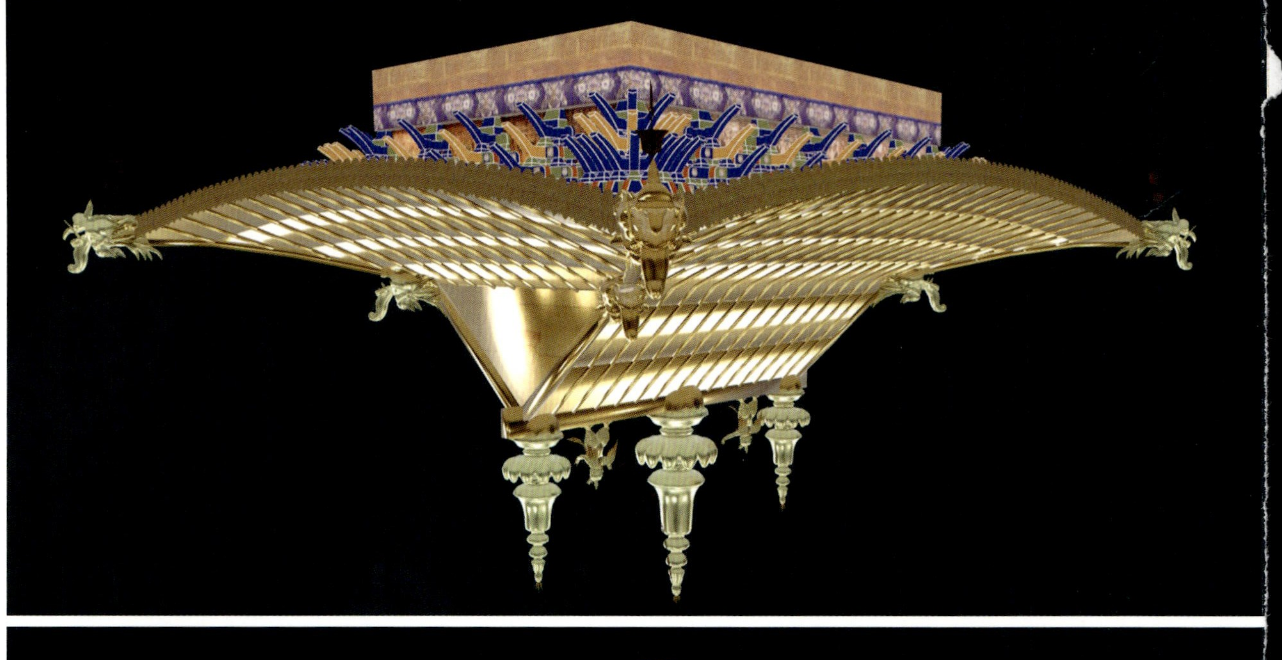

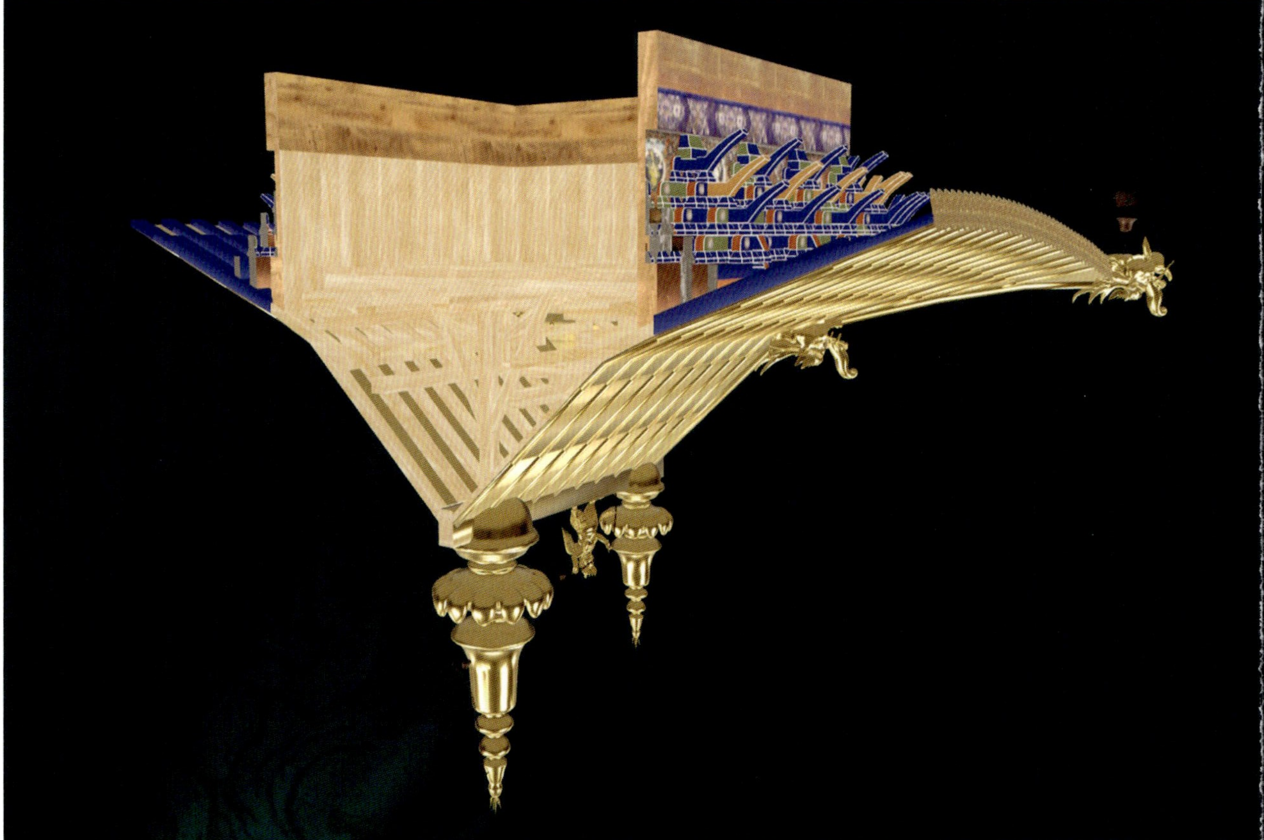

“敢支惹”

“敢支惹”是屋顶的一种吉祥装饰，也叫作“屋脊宝瓶”。在西藏佛教寺院和经堂屋顶的柽柳墙上都有铜质镀金的这种宝瓶形传统装饰。

白宫白玛草墙檐铜饰

在建筑的重点部位，如布达拉宫的红宫、白宫部分，边玛檐部中还镶嵌着一些饰件，主要有：铜质镏金梵文图案“南久旺丹”，犀牛、大鹏、摩羯、龙、狮、佛塔、小字，以及伞盖、吉祥结、双鱼、莲花、幢、海螺、法轮、宝瓶等吉祥八宝图案。桑杰嘉措在《五世达赖灵塔目录》中解释了这些装饰的意图：象征“日、月、星辰围绕须弥山转动一样”光辉灿烂。这些饰件，与屋面上的金顶互为呼应，相映成趣。

万象其中

2

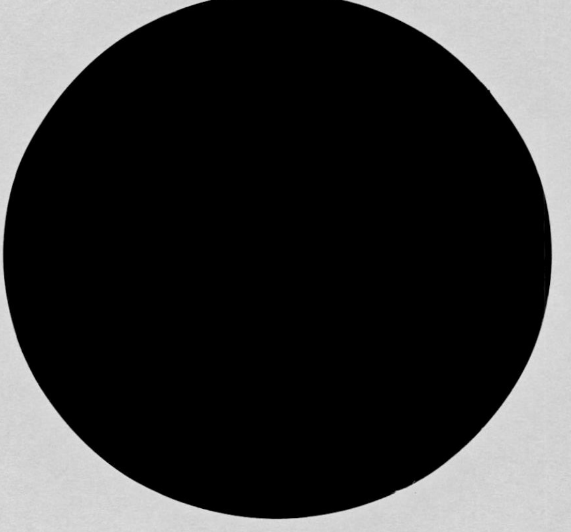

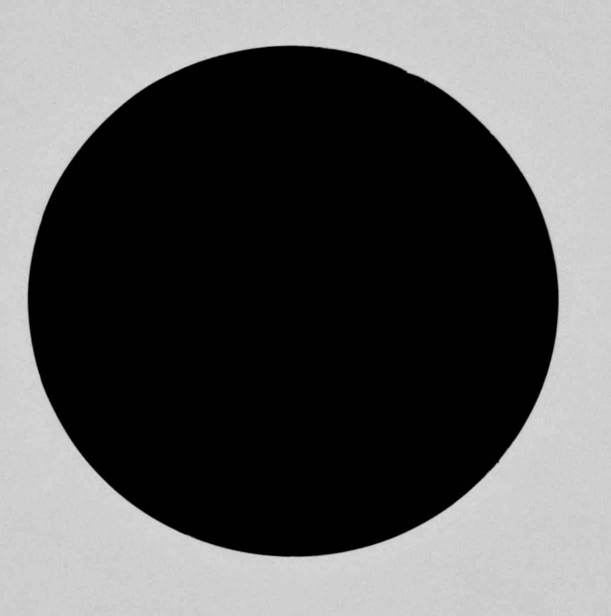

布达拉宫汇集了藏族在文化、艺术等方面的所有精华。其中，唐卡精巧繁复、包罗万象，造像造型完美、风格鲜明，面具神秘独特、奇异精致，服饰色彩明艳、内涵丰富，还有精湛考究、兼具实用性的各类生活用具，它们共同诠释着藏族传统艺术和文化的精神品格与价值趋向，也向世人展现着数千年来汉藏文化与艺术的交流、借鉴、融合。

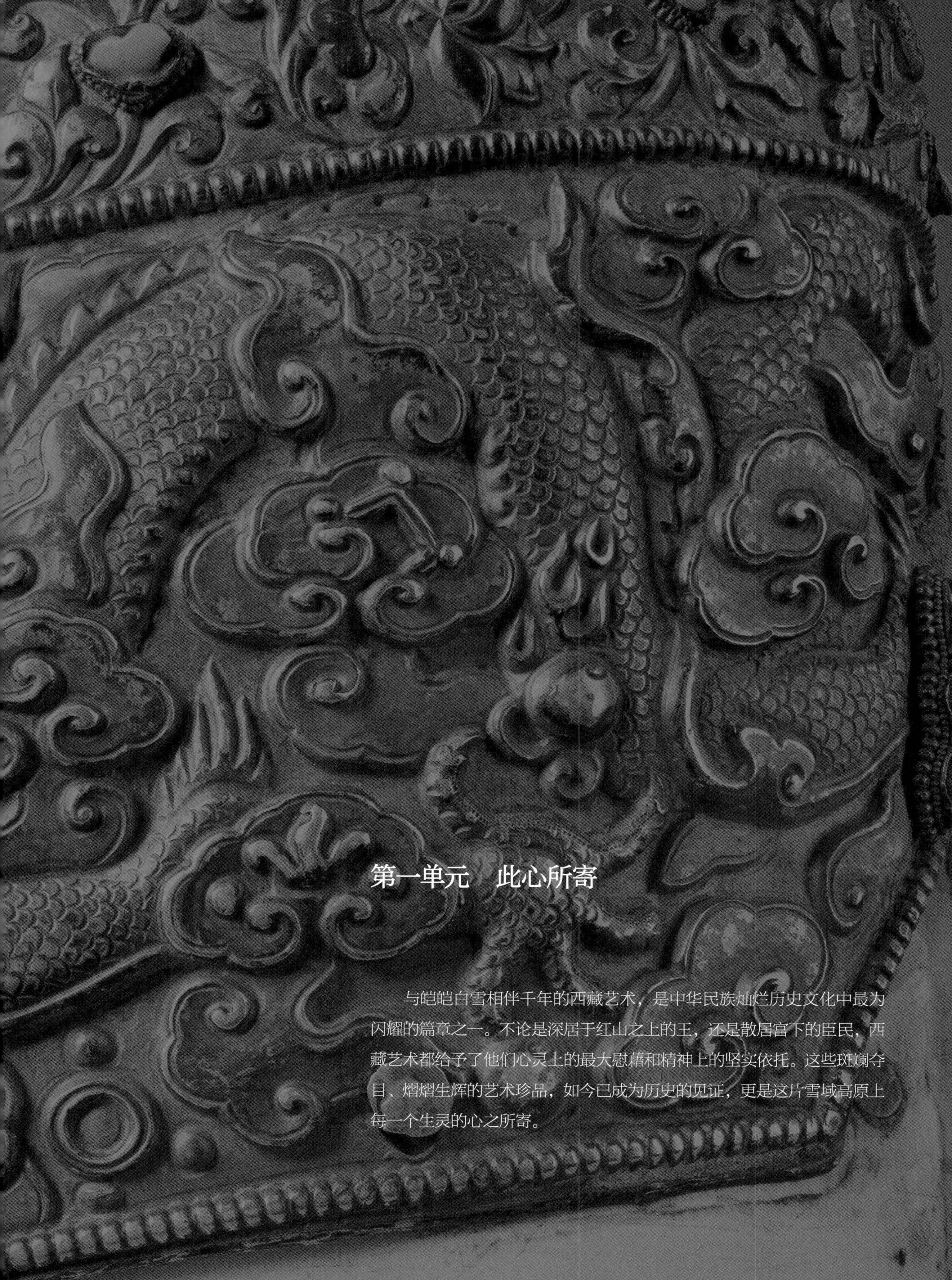

第一单元　此心所寄

与皑皑白雪相伴千年的西藏艺术，是中华民族灿烂历史文化中最为闪耀的篇章之一。不论是深居于红山之上的王，还是散居宫下的臣民，西藏艺术都给予了他们心灵上的最大慰藉和精神上的坚实依托。这些斑斓夺目、熠熠生辉的艺术珍品，如今已成为历史的见证，更是这片雪域高原上每一个生灵的心之所寄。

唐卡

唐卡是用彩缎装裱而成的卷轴画，具有鲜明的民族特点、地域特色和艺术风格，有“西藏的百科全书”之称。

唐卡起源于何时，有待进一步考证，但就西藏的绘画艺术历史而言，可以追溯到距今 5000 年的新石器时代。公元 7 世纪，壁画已不能满足佛教文化发展的强劲态势，于是，能够随意作画、便于悬挂、易于携带的唐卡应运而生。唐卡的应用非常广泛，信徒们或出于信仰，或出于某种纪念而供奉唐卡。在寺院里，唐卡更是必备的庄严圣物，每个殿堂甚至僧舍中都悬挂着唐卡。

作为珍贵的文化遗产，唐卡为我们研究西藏历史、文化、艺术及自然科学等提供了极其重要的实物资料。

唐卡的工艺分类

唐卡的品种和质地多种多样，最初以绘画为主，后来因新材料、新技术的发展与运用，出现了缂丝、织锦、贴花、刺绣等诸多形式。

唐卡的种类繁多，按照质地和制作方法可分为绘画唐卡和织绣唐卡两大类。

绘画唐卡根据画面底色与使用的金银材料不同又可分为以下几种类别：用多种颜料绘制而成的唐卡称为“彩唐”；以金色为底，描红或描黑的唐卡称为“金唐”；以红色和黑色为底的唐卡则分别称为“红唐”和“黑唐”。

在织绣唐卡中，根据工艺不同又可分为刺绣、织锦、堆绣和缂丝唐卡。刺绣唐卡是用丝线在丝绸上缀绣而成，是中原工艺的藏化表现；织锦唐卡是手工机织而成，将中原工艺应用于藏传佛教内容题材；堆绣唐卡也称贴花唐卡，是用各色彩缎裁剪拼贴后缝制在织物上；缂丝唐卡是以“通经断纬”的特种工艺将绘画移植于丝织品上。

除此以外，还有在五彩缤纷的花纹上，用金丝将珍珠、珊瑚、宝石等缀于其间者，格外华丽精美，世所罕见。

唐卡的绘制颜料

唐卡的绘制极为复杂，用料极其考究，颜料均用的是不透明的矿物和植物原料，再按一定的比例加上一些动物胶和牛胆汁，色泽艳丽，经年不褪。唐卡颜料的色系通常分为五大主色（蓝、绿、黄、红、白）、九种副色和三十二种一般副色。

※慈氏和文殊像唐卡，棉布彩绘，公元14—15世纪，布达拉宫管理处藏（采自《布达拉宫珍宝馆图录》，第137页）

喜金刚像唐卡

公元 15—16 世纪

刺绣

长 135 厘米，宽 87 厘米

布达拉宫管理处藏

吉祥喜金刚，梵语 Hevajra，藏语 Shri Heva jra，藏名音译为杰巴多杰，意译为吉祥喜金刚，他尤其注重阐述密教的明光教法，具有慈悲与智慧圆成的觉悟。他的智慧能使人洞悉自我执迷的妄想，化解清浊、善恶的两极对立，从而解脱诸苦，使众生进入欢喜的境界。而他所具有的大慈悲就是分享这种极大的欢喜的体现。

此幅唐卡画心通篇皆为刺绣，做工精巧绝伦，全图用金线和五彩丝线绣成，以藏蓝江绸为地，满绣曼妙规整的花纹，并用金线勾勒轮廓。主尊喜金刚八面十六臂，身体呈藏蓝色，头戴骷髅冠，面露笑容，象征大乐。中间二手持颅碗，结金刚吽迦罗印，并拥抱明妃金刚无我母，其余十四臂以扇状散开分持嘎巴拉钵，双身右倾呈战斗立姿，造型特征为喜金刚标准样式。此幅唐卡构图严谨，设色华丽，勾勒精细，造型规范，风格鲜明，具有十分重要的艺术价值。

五部陀罗尼坛城唐卡

公元 17 世纪

布画

长 148 厘米，宽 98.6 厘米

布达拉宫管理处藏

陀罗尼是梵文 Dharani 的音译，意为忆持不忘的“明咒”“真言”。坛城源于古印度佛教密宗，指一切圣贤、一切公德的聚集之处，可以称为佛的宫殿。坛城一般为修法场地上用彩色沙垒起或绘制，还有用金属和木材筑起的圆形或方形基坛，是佛教密宗修法时观想的重要对象。这是一幅彩色绘制的五部陀罗尼坛城，构图是以几何图形为主，由外到内以圆形和几何体形式层层相套构成，正中间为大随行佛母或佛，大千摧破佛母、大孔雀佛母、随行佛母、大寒林佛母环绕，以水图案及火焰图案装饰；第二层起用圆形的金刚图案、水图案、莲花图案装饰，表示大海、风墙、火墙和金刚墙、莲花墙、护城河。内圈正方形图案表示城墙、屋檐，层层深入，最后到达主尊殿，并用绿、蓝、黄、红表示东、南、西、北四方。坛城的构图紧凑，图案繁复多变，抽象和具象手法并用，装饰性强，具有很美的形式感。

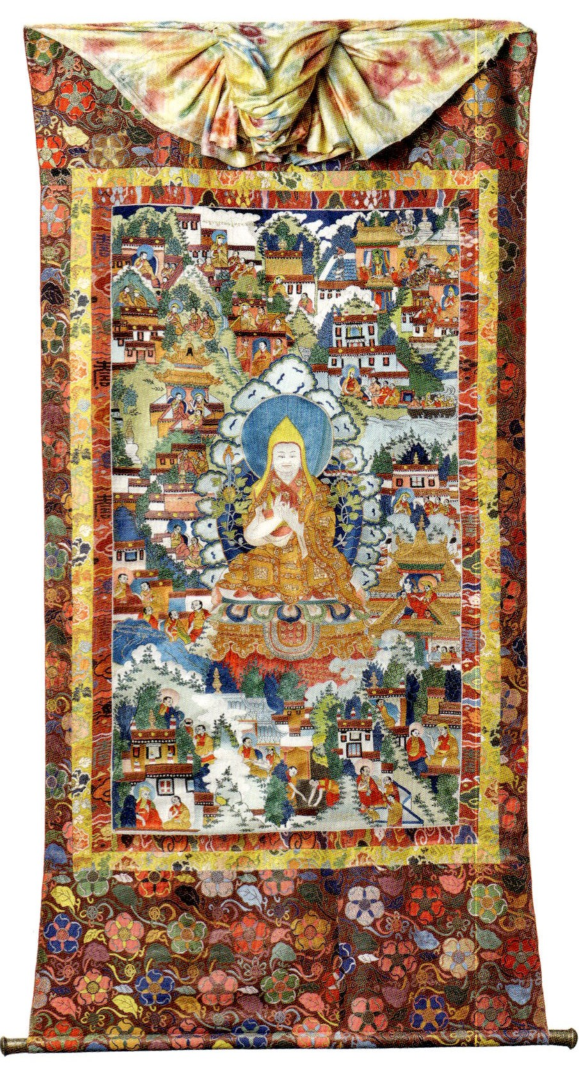

宗喀巴传记唐卡之一

公元 18 世纪

刺绣

长 193 厘米，宽 106 厘米

布达拉宫管理处藏

刺绣工艺是从中原传入西藏的一种纺织工艺，是用针引线，按设计的图案在绣料上勾绘成花纹、人物图案等，以粗细不同的绣线、不同的色彩和运针方法表现出图案的质感。这幅宗喀巴像唐卡即这种工艺的体现。宗喀巴大师是藏传佛教格鲁派的创始人，他于 14 世纪初倡导的宗教改革取得了巨大的成就，从而奠定了格鲁派后来迅速崛起并且占据西藏宗教统治地位的基础。此幅唐卡中央为宗喀巴大师，头戴通人冠，双目微闭，结跏趺坐于莲座上，双手施转法轮印，两株莲花于两肩处盛开，左右肩部分别置经书和宝剑，象征着宗喀巴大师为文殊菩萨的化身。这是关于宗喀巴大师生平传记的 80 幅唐卡中的一幅，主要讲述了宗喀巴大师在卫藏地区讲经说法的经历。此幅唐卡为不露地满绣，绣线、设色、退晕与间晕相结合，采用平绣、钉线、平金、斜缠针、套针等针法，其中尤以平金表现的衣服纹样及人物神情最为细腻。

该唐卡四周绣着宗喀巴传记故事，或配有藏文说明，如图中藏文意为：宗喀巴在东喀拜大堪布扎巴坚赞和尊者热达瓦学习多部经典。

释迦牟尼像唐卡

公元 18 世纪

堆绣

长 110 厘米，宽 83 厘米

布达拉宫管理处藏

此幅释迦牟尼像唐卡采用的是堆绣工艺。堆绣是刺绣中的特殊工艺，也称为“贴花”工艺，是用各色质地不同的绫罗绸缎剪出人物和图案形状，然后在图案背后填充羊毛、棉花，使画面产生丰富而生动的立体感和织物特有的肌理感，具有浅浮雕的艺术效果。这幅唐卡中央为释迦牟尼佛，上方左右分别为七世达赖喇嘛格桑嘉措和五世班禅罗桑益西，左下角为一供养人，双手捧曼陀罗以示敬献佛陀。

唐卡上部以蓝色绫为天，下部以土黄色素缎为地，使用十几种不同颜色的缎、绫、绸等丝织物，剪裁加工缝缀成两三层或四五层的图案，堆绣的局部施以刺绣。此件堆绣唐卡做工精细、配色丰富，佛像眉清目秀，神态安详。裱边内层为清乾隆红色地团龙杂宝纹织金缎，外层为清乾隆明黄地团龙杂宝纹织金缎，是堆绣唐卡作品中的上乘之作。

大殊胜黑如嘎本尊像唐卡

公元 18—19 世纪

布画

长 119 厘米，宽 76 厘米

布达拉宫管理处藏

此唐卡画工精美，主尊为大殊胜黑如嘎本尊。大殊胜黑如嘎是宁玛派修行的主要本尊，是八大黑如嘎的总集，兼有八大黑如嘎的各种功德。主尊九面十八臂，双身。头戴骷髅冠，面部三目圆睁，呈愤怒形象。背生双翼，双手于胸前交叉持金刚和嘎巴拉碗，拥抱天口法界自在母，其余手中持各种法器。佛母身为蓝色，左手高举嘎巴拉碗。背后是熊熊燃烧的火焰背光。整幅唐卡色彩浓烈，生动传神，细节栩栩如生。唐卡装裱规范、保存完好，兼具艺术价值和宗教价值。

大殊胜黑如嘎本尊像唐卡线描稿

造像

造像作为佛教艺术中最为直观的表现形式，主要有泥塑、石刻、木雕、骨雕和铜铸。早期以泥塑和石刻为多，晚期以金、铜造像最具代表性。

西藏造像艺术具有多元的艺术风格，其时空跨度大，题材丰富，既展现了西藏雕塑艺术的地域特色和卓越成就，也体现了其与中原汉地、中亚、印度、尼泊尔、克什米尔等诸多佛教流传地域之间雕塑艺术的密切关联，蕴含着文化艺术交流的丰富历史信息。

布达拉宫珍藏自公元 6 世纪到 20 世纪的佛教造像多达 4 万余件，大小、质地各异，艺术风格多样，可谓精品荟萃。

金刚萨埵菩萨立像

公元 8—9 世纪

合金铜

高 18 厘米，底径 7 厘米

布达拉宫管理处藏

此尊造像头束高髻饰花，面相圆润而秀美，脸部泥金，似眼嵌银，右手持金刚杵，左手自然下垂，立于莲座上。耳环、胸佩大方古朴，整体造型简洁古雅。

八大随佛子之一

公元 10—11 世纪

合金铜

高 24.5 厘米，底宽 6 厘米

布达拉宫管理处藏

释迦牟尼佛立像

公元 11 世纪

鎏金铜

高 23 厘米，宽 9 厘米

布达拉宫管理处藏

观音菩萨立像

公元 12—13 世纪

合金铜

高 28 厘米，通宽 8 厘米，底宽 6 厘米

布达拉宫管理处藏

金刚亥母像

公元 13 世纪

合金铜

高 38 厘米，底宽 15.2 厘米

布达拉宫管理处藏

此尊金刚亥母像以舞姿立于一躺在莲座的尸体上，右手高举金刚钺刀，左手于胸前捧起嘎巴拉碗。金刚亥母裸身，戴五骷髅冠、耳珰，身披各种骨饰、璎珞，两侧飘带飞舞。从整体看，造型优美，结构匀称，再现了公元 13 世纪西藏造像的艺术风貌。

释迦牟尼佛坐像

公元 14—15 世纪

鎏金铜

高 35 厘米，宽 24 厘米

布达拉宫管理处藏

此尊佛像一面双臂，面容清秀，头饰螺发，具火焰纹背光和头光。右手结触地印，左手施禅定印，双腿结全跏趺坐于方形台座上。台座为山石座，两侧有立体雄狮像，山石之间饰有系飘带的立杵。释迦牟尼佛身着袒右肩袈裟，衣质轻薄贴体。鎏金明亮，比例合度，造型优美，是一件结合了尼泊尔和藏地风格的作品。

宗喀巴大师像

公元 15 世纪

鎏金铜

高 20 厘米，宽 17 厘米

布达拉宫管理处藏

此尊宗喀巴大师像颊颐饱满，面含微笑，双手于胸前施转法轮印，肩头莲花上分别供智慧剑和梵策，与文殊菩萨所持法器一致，暗示他作为文殊菩萨的化身，具有无上的智慧。

白依护如意摩尼立像

公元 16 世纪

鎏金铜

高 37 厘米，底宽 20 厘米

布达拉宫管理处藏

白依护如意摩尼兼有护法与财神的双重神性。此造像一面六臂，面相威猛，赤发上扬而怒目张口，头戴五叶花冠，身形粗壮，佩饰珍宝璎珞。右主臂手握火焰宝，第二手持嘎巴拉鼓，第三手持钺刀；左主臂手持嘎巴拉碗，第二手持金刚索，第三手持三叉戟。双脚踩象鼻天大神，并配有火焰形背光，站立于莲座上。

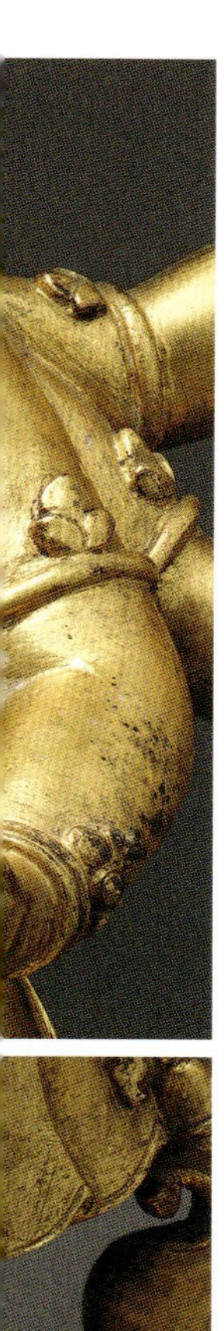

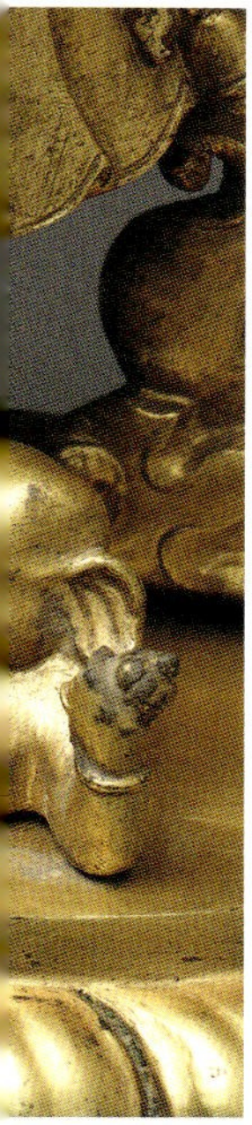

财神骑狮像

公元 17 世纪
鎏金铜、绿松石
高 25 厘米，底宽 19.7 厘米
布达拉宫管理处藏

此尊财神像头戴饰有宝瓶的天冠，骑昂首回望的狮子，两眼睁视，胡须飘逸，身嵌绿松石，衣纹雕饰细腻精巧，神态自然优美。

米拉日巴像

公元 17—18 世纪

合金铜

高 16.5 厘米，宽 13.2 厘米

布达拉宫管理处藏

米拉日巴（1040—1123）是藏传佛教噶举派第二代祖师，玛尔巴嫡传弟子，后藏贡塘（今吉隆县北部）人。这尊米拉日巴像上身袒露，瘦骨嶙峋，呈说唱坐姿，展现出超然物外、与世无争的苦修形象。

五佛冠

清

布、金、珠宝

高 18.5 厘米，展开通长 50.8 厘米

布达拉宫管理处藏

这件五佛冠的每一叶冠中间，都有一个莲瓣形的佛龛，佛龛中间各有一个代表五佛之一的梵文字母，上下镶嵌珍珠、珊瑚、绿松石、蓝宝石等物，下缀长缨。五佛冠一般用皮、纸、木，或者镂空的铜皮、银皮等制作，分为五叶连缀在一起，每叶上装饰五方佛、梵文字母或者法轮、金刚杵、莲花、宝剑、火焰等图案。

噶当塔

公元 14—15 世纪

合金铜

高 32 厘米，底径 16.5 厘米

布达拉宫管理处藏

噶当塔为佛塔的一种，以铃铛形塔身为特征，因流行于噶当派盛行时期，所以被称为“噶当塔”。这尊佛塔的铃铛状塔身下围绕着仰覆莲瓣，上下各以一圈联珠纹装饰，塔身中央有两圈弦纹，塔刹为多折角式，再上为圆锥状十三层相轮，最上又有一颗摩尼宝珠。

佛塔

公元 15—16 世纪

合金铜

高 18 厘米，底径 10.8 厘米

布达拉宫管理处藏

此塔下为圆形束腰莲花座，莲座上为逐层收分的累积式圆形台座，其上为覆钵式塔身。塔身为联珠纹装饰，塔身上是多角形平顶，平顶边沿饰花瓣，其上又为逐层收分的圆形十三天。再往上为圆形华盖，华盖上下边沿均饰花瓣。

迦腻色迦塔

公元 15—16 世纪

合金铜

高 62.5 厘米，宽 22 厘米

布达拉宫管理处藏

八瓣莲花大威德金刚曼陀罗（复制品）

明　永乐

鎏金铜

高 81.4 厘米

布达拉宫管理处藏

这件作品是密宗供奉像，在中央莲台上安置主尊，八瓣莲花内侧安置眷属尊，构成立体曼陀罗。莲瓣可自由开启，上方装饰有水瓶伞盖形扣件，闭合时状如花蕾。八瓣开合自如，象征着密法流传广布。中央莲台上的主尊为大威德金刚像。莲茎的设计独具匠心，从水中生出的莲茎在两侧弯转盘绕，所围成的圆形中间有度母和金刚萨埵像，莲茎下方左右各有一尊向着莲茎奔跑而来的龙王，下方的台座上，在卷草隔成的空间里，有各种动物做装饰。莲花曼陀罗的造型、技法及风格特征均为典型的明初永宣造像样式，并有“大明永乐年施”铭文，可以确定为明代宫廷里汉藏艺术交融的作品。其工艺精湛，令人叹为观止，是历代同类佛教造像中难得的珍品。

八瓣莲花大威德金刚曼陀罗

八瓣莲花大威德金刚曼陀罗线描稿

ཕོ་ཏ་ལ།
511

雕花银曼陀罗

公元 17 世纪
银
高 28.6 厘米，底径 18.7 厘米
布达拉宫管理处藏

“曼陀罗”为古梵语，意为“聚集”或“中心”。曼陀罗是用于供养的供器，常常在正式修行之前的加行中使用，象征以世间一切珍宝，包括佛教讲的四大洲来结成坛城，供养本尊、上师、诸佛菩萨。佛教徒认为供曼陀罗是积聚福德与智慧最圆满而巧妙的方法，以曼陀罗的形式来供养整个宇宙，是诸多方法中最快速、最简单、最圆满的。这件供器由大小不等的四个同心圆状的圆筒组成，下大上小，层层叠加，饰有八吉祥、八瑞物、七政宝、五妙欲等吉祥纹饰，最上方以法轮为顶饰。

法螺

公元 18—19 世纪

海螺、金、银

金翅法螺：长 36.5 厘米，宽 19 厘米

银翅法螺：长 39 厘米，宽 22 厘米

布达拉宫管理处藏

法螺是藏传佛教常用法器之一，于法会时吹奏。佛经记载释迦牟尼说法时声音洪亮，犹如大海螺的声音响彻四方。所以用它来代表法音。法螺洁白细腻，自然生长的螺纹自左向右旋转，这种右旋海螺极为罕见。这两件白海螺上嵌葫芦形嘴，金、银包翅，银翅法螺部分图案鎏金。

唢呐

公元 18—19 世纪
檀香木、金、绿松石、珍珠
高 58 厘米，口径 15 厘米
布达拉宫管理处藏

藏式唢呐，藏语称为“甲林”，是佛事活动中一种常用的管乐器，尤其是在重大佛事活动中必须吹奏。“甲林”与“铜钦”（长号）是藏传佛教乐器中两个主要的旋律性乐器。普遍认为甲林是中原乐器唢呐传到西藏后的名称，其形状与中原的唢呐基本一致。

两只唢呐上有配套铭文。前半部分为：火猪年丹林殿堂制造，供养师楚臣噶丹、楚臣坚赞。后半部分为：供养师赤列云丹、索巴曲丹、赤列桑培。

碰铃

公元 19 世纪
合金、绿松石、珊瑚
厚 2.3 厘米，直径 8 厘米
布达拉宫管理处藏

碰铃是藏传佛教诵经过程中用以掌握节奏的小型乐器之一，音质清脆，常用于小型佛事活动。此碰铃配有银链，并串有绿松石、珊瑚等，做工精细，小巧别致。

合金铜钹

明

合金铜

高 9 厘米，宽 37.9 厘米

布达拉宫管理处藏

钹是藏传佛教佛事活动中常用的乐器，节奏明快、富有变化，在诵经过程中常用以掌握节奏和段落的起、转。此钹以精良的合金制成，色泽光亮，做工精致，是藏传佛教高僧大德的常用法器之一。

胫骨号线描稿

胫骨号

公元 18 世纪

银

长 40 厘米，口径 8.7 厘米

布达拉宫管理处藏

胫骨号，藏语为“冈林”，是用人的胫骨制成的吹管类乐器，也有以铜、银等来仿胫骨的。其基本音域和音色都保持着原始特色，只有单音，音色尖硬刺耳，使人产生惊恐悲壮之感。此胫骨号为银质，整件器物造型简洁，装饰细致而不繁缛。

长法号与号架

公元 18 世纪

银、鎏金铜

长法号：长 300 厘米，口径 21 厘米

号架：高 100 厘米，宽 82 厘米

布达拉宫管理处藏

长号，藏语音译为“铜钦”，是藏传佛教所特有的铜管乐器之一，在佛教节日、活佛坐床、开光仪式等重大佛事活动中经常使用，营造神秘、庄严和肃穆之感。长号的号管分为数节，使用时可以连接起来，总长一般为3米左右，最长的可达5米以上。它音色低沉而威严，具有所向无敌的气势，是西藏铜管乐器中体形、音量最大的乐器。此件长法号为银质，连接处为鎏金铜构件。长号与号架一起使用。

金刚橛

公元 17 世纪

鎏金铜、铁

高 33.9 厘米

布达拉宫管理处藏

金刚橛是修法时保护坛场所使用的一种法器。此 10 件金刚橛为同类法器，顶部和腰部为鎏金铜，橛部为铁质，造型精细，构思巧妙，显示出金刚橛灭除一切障碍的威力。

金刚锤

公元 17 世纪

铁错金

长 37.7 厘米

布达拉宫管理处藏

金刚锤一般在仪式中与金刚橛一同使用。此件金刚锤顶部为交错的金刚铃和杵，下方是一根上粗下细的六棱杖，每个面上都錾刻卷草纹，十分精美。

九钻金刚杵、金刚铃

明　宣德

镀金、绿松石、青金石、珊瑚、珍珠

金刚杵：长 15.5 厘米

金刚铃：高 20.0 厘米

布达拉宫管理处藏

杵和铃都是密宗修法中最常用的法器，常常成组使用。使用时通常右手持金刚杵，左手摇金刚铃，使之发出悦耳的声音，象征着智慧与方便双运。随着时代的更迭，原本作为兵器的金刚杵逐渐成为一种象征性的法器，制作上也越来越具有装饰性。

嵌松石璎珞纹尊胜瓶

公元 18 世纪
银、镀金铜、绿松石
高 51 厘米，底径 17.5 厘米
布达拉宫管理处藏

此件尊胜瓶做工精细，纹饰繁缛。盘口，直颈鼓腹，圈足外展。盘口及底座錾刻勾莲纹，腹体满饰璎珞纹嵌松石联珠、局部铜饰有镀金。此瓶为藏传佛教供品，有时也做储藏药物用，其形体端庄，纹饰富丽，是同类器物中的佼佼者，可谓宫廷宝瓶。

长寿瓶

公元 17 世纪
银胎画珐琅、珊瑚、绿松石
高 24 厘米，底径 8 厘米
布达拉宫管理处藏

长寿瓶为佛教供器和无量寿佛手持物。这件银胎画珐琅长寿瓶是由瓶、托盘和插饰三部分组成。瓶口饰八宝纹，以四叶垂落的花叶装点；瓶身雕有异兽吐宝，并镶有珊瑚、绿松石等；圈足为覆莲纹，并配有仰覆莲纹的托盘；插饰为叠层仰覆莲纹的球形；通体以银色为地，用绿、白、红等珐琅釉填色。该瓶美观、稀有。

嵌松石珊瑚长寿瓶

公元 17 世纪
鎏金铜、珊瑚、绿松石
高 19 厘米，底径 12.3 厘米
布达拉宫管理处藏

这件长寿瓶瓶盖和瓶身都有璎珞纹的绿松石联珠，两侧配有飞舞的对龙拥抱着宝瓶，瓶底饰有四圈珊瑚珠，插饰为椭圆形，正中供养无量寿佛。此瓶雍容华丽，做工精湛，气势不凡。

净水瓶

公元 18—19 世纪

银、绿松石

高 64 厘米，宽 25 厘米，底径 17.5 厘米

布达拉宫管理处藏

净水瓶的梵语音译为“军持”，是佛教僧人十八种用具之一，为储水净手用具。此件为银质净水瓶，管状长颈，颈部中央附一帽形圆盘，附有短流，周身装饰嵌有多个绿松石，做工精细，造型大气端庄。足部有一圈铭文，意为：

诸善源起宗喀巴
善言秘密圣精要
修行净化之器具
净瓶象征三时善
直至众生从苦海
永恒不变如“雍忠”
祈愿时常说法
喜乐吉祥之宫殿
天地之主大王子
双戒
祈愿消除一切障

乃斯盖盒

公元 17 世纪

银胎画珐琅

高 11 厘米，底径 7 厘米

布达拉宫管理处藏

“乃斯”为藏语，可译成“供五谷盒”或“供青稞盒”。一般用于佛堂或宝座前供青稞等五谷，为盛器。这件银胎画珐琅乃斯盖盒，由盒盖、身和底座三部分组成，盖和瓶身莲瓣都饰有金、蓝、绿等珐琅釉料，做工讲究，是乃斯供器的上乘之作。

尊胜瓶

公元 18—19 世纪
银胎画珐琅
高 19 厘米，底径 8 厘米
布达拉宫管理处藏

尊胜瓶为佛事用具，有金、银、铜、铁、珊瑚、陶等材质。此瓶通体银质，口沿为覆碗形，并用金、蓝、绿等色饰八宝纹。底座和插筒都饰有莲瓣纹，并穿插有孔雀羽翎和吉祥草。此瓶器形规整大方，是尊胜瓶中的标准器型。

沐浴瓶

公元 17 世纪
银胎画珐琅
高 19 厘米，底径 8 厘米
布达拉宫管理处藏

沐浴瓶是举行佛教沐浴等仪式时用来净化的一种盛水瓶，其质地有金、银、铜、陶瓷等多种。这件银胎画珐琅沐浴瓶短颈、鼓腹、圈足，有龙首形流，盖子上饰有八宝纹，底座和插筒都刻有莲瓣纹。

颅内供器

公元 17—18 世纪
银胎画珐琅
高 11 厘米，底径 7 厘米
布达拉宫管理处藏

颅内供器，又称嘎巴拉碗。此件嘎巴拉碗由碗盖、碗体、碗托组成。碗盖和碗托施各色珐琅釉料，即“景泰蓝”。盖呈椭圆形，有金刚杵把手，刻八吉祥和海浪纹；碗托在三角莲台上立三角形支架，三方各有一个头颅装饰。

银质法轮

公元 19—20 世纪

银

高 35 厘米，宽 21.5 厘米，底径 11.5 厘米

布达拉宫管理处藏

此种法轮通常为高僧大德坐床时敬献或大寺院特制供奉的，供奉法轮意在“佛法盛起”“法轮常转”。

錾花嵌宝五门嘎乌

公元 19 世纪
银、珠宝
高 32.5 厘米，宽 24.5 厘米
布达拉宫管理处藏

“嘎乌”为藏语音译，汉语可译成“佛龛”或“佛盒”，多指挂在颈上或背挎式的佛盒饰物。一般用银或者铜制作，也有金质或木质者。佛盒一般为出门在外时携带，盒内放置袖珍佛像或其他圣物，以便获得福运，禳灾驱邪。这一佛盒为五叶五门型，原来应安置五个大小不等的佛像，佛像现已佚失。龛面周围刻有卷草纹，分散雕饰着异兽、双狮、七政八宝等，每一组吉祥物以莲座托起，整体华丽繁复。

景泰蓝八宝

公元 19—20 世纪

银胎画珐琅

高 28.5 厘米，底径 9.5 厘米

布达拉宫管理处藏

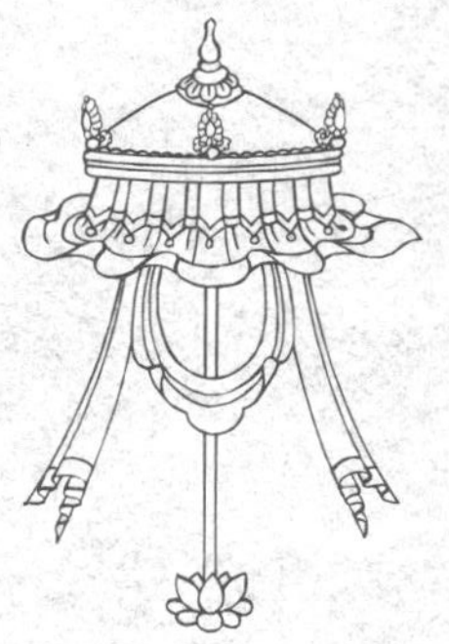

宝伞

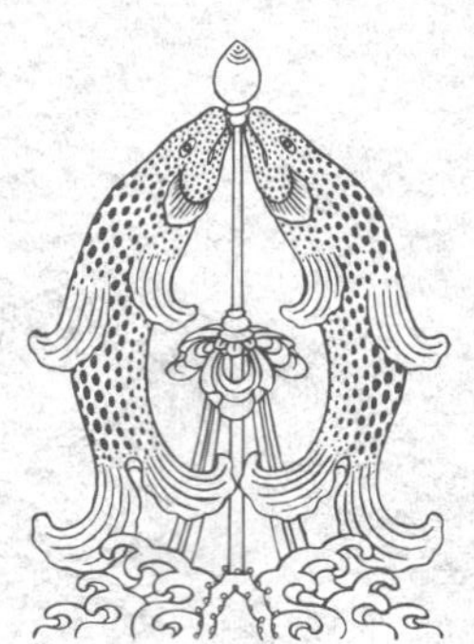

双鱼

宝瓶

莲花

海螺

吉祥结

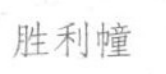

胜利幢

法轮

八宝也称“八吉祥”，是藏传佛教中象征吉祥的器物，通常作为法器陈设于佛堂。此套掐丝珐琅八宝分别为幢、鱼、瓶、花、螺、结、伞、轮，下承各色珐琅釉的莲蓬，以树枝托起，其下为底座，座面饰莲花纹，造型优雅，工艺精细，釉色纯正，是清早期的礼佛用品。

錾花指捻转经筒

公元 17—18 世纪

银

高 20 厘米，底径 12 厘米

布达拉宫管理处藏

錾花指捻转经筒别有特色。一般转经筒中，手摇式、手推式的较常见，而这种指捻转经筒较少见且使用也并不广泛。转经筒是藏传佛教喇嘛和信徒念诵经文时手上常用的一种法器。这种指捻转经筒系台式，可放在桌子上，用大拇指和中指夹住顶端伸出桶盖外的带螺纹的铁柱，向顺时针方向捻动即可。此件器物美观别致，也可当作陈设品。

香炉

公元 18—19 世纪

银

高 30.5 厘米，底径 14.8 厘米

布达拉宫管理处藏

这件香炉由炉身、盖和提链组成。香炉上的主要纹饰鎏金，雍容华贵。炉身直口、鼓腹、圈足，炉腹上部饰一周如意纹，腹部正中錾刻两条遒劲的团龙纹，圈足上饰垂莲纹。香炉上配有三个把手，把手被巧妙地制成变形忍冬纹的形状。盖身镂空，以便香气从镂空的盖孔中飘出，镂空部分饰龙纹、花草纹。这种香炉一般在重大节庆和法事活动中迎接活佛高僧时使用。

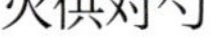

火供对勺

公元 17 世纪

铁错金

方形勺长 78 厘米，圆形勺长 71.5 厘米

布达拉宫管理处藏

火供是藏传佛教祭祀神灵的一种仪式。这两把勺中，圆形的是舀勺，方形的是烘烤勺。火供时，火供者在火上烘烤方形勺，用圆形勺舀酥油等火供品，倒入方形勺内，在瞬间燃烧的同时念诵经文。这两把勺之所以要有较长的把手，是为了火供时不使火星溅到火供者身上。火供对勺的材质有很多种，上等为金银，中等为铜铁，下等为陶和石材。此对勺为错金铁质。

金灯

清

金、绿松石

高 26.5 厘米，口径 22.5 厘米，底径 17 厘米

布达拉宫管理处藏

此金灯为供器，是酥油灯的一种。该灯为“格桑曲贡”样式（即七世达赖喇嘛格桑嘉措时期流行的酥油灯样式），敞口，束腰，高足，足底有一圈藏文题记，内容大意为“从甘丹寺为十世达赖喇嘛灵塔前点灯进献”及赞颂文。腰部嵌绿松石，足部饰莲瓣纹，形制精美。

青花缠枝莲托梵文纹高足供碗

公元 18 世纪

瓷

高 14.3 厘米，口径 14.6 厘米，底径 7.2 厘米

布达拉宫管理处藏

此件供碗撇口，深腹，平折腹底，高足外撇，通体饰青花纹样，外壁绘缠枝莲托梵文，足绘璎珞纹。胎釉细腻莹润，青花艳丽，纹饰精美，足内沿青花横书“大清乾隆年制”六字篆书款。此器仿自酥油灯的形制，属于供器之一，为乾隆朝官窑器，后朝多有承袭仿制。缠枝莲，又称串枝莲，以莲花为主体，以蔓草缠绕成图案。此器为展现乾隆时期汉藏文化交流交融的典型器物。

第二单元　此生所倚

公元 17 世纪，五世达赖喇嘛重建布达拉宫，从此布达拉宫便开始成为历代达赖喇嘛居住和进行宗教活动、处理行政事务的重要场所。千年来，从山脚到山顶的数百级石阶上，走过无数形形色色的身影，或为雪域的至尊，或为信仰的化身，抑或为普通的工匠，他们都曾亲手书写过布达拉宫的传奇。

生活用具

早在公元前 4000—前 3000 年，生活在青藏高原的藏族先民就已经开始制作各种日常生活所需要的器具。布达拉宫收藏有众多精美的生活器具，它们的造型、装饰都体现了藏族人民的生产技术、审美习惯、宗教信仰及价值取向。

龙柄僧帽壶

公元 18 世纪

银

高 63 厘米，底径 21 厘米

布达拉宫管理处藏

僧帽壶一般是民间举行盛大的节庆时使用的一种酒具。此壶口沿、颈部、腹部和圈足上都有鎏金的装饰图案，在颈部和腹部分别装饰了行龙和团龙，壶的把手也被巧妙地制作成一条龙的形状，造型高贵华丽、端庄优雅。

银质多穆壶

公元 18—19 世纪

银

高 46 厘米，底径 11 厘米

布达拉宫管理处藏

“多穆”原意为盛酥油的桶，藏语称为“董莫”或“多穆”，口缘处加僧帽状边，又添把和嘴，遂成为壶，是藏族和蒙古族民众的生活用具。此壶把手别致，整体呈柱状，上下有两个相对应的龙首，分别衔着链子的两端，把手的顶端通过圆环与盖子相连。

錾花执壶

公元 18—19 世纪

鎏金铜

高 56 厘米，宽 33 厘米，底径 16 厘米

布达拉宫管理处藏

此件执壶瓶身呈葫芦形，束颈，瓶把手和流均细长。器身上纹饰构图饱满，三环图案中，内饰莲花托起的法轮，左右各有如意宝，中央四周饰卷草纹，外环饰莲花。下附圈足并饰垂莲纹，流作细长的龙首状，把手做成如意的形状。盖上有莲蕾状钮，通过链子与把手相连。整个器物造型优美，纹饰构图饱满，璀璨华贵，工艺精致。

龙柄执壶及盘、杯

公元 18—19 世纪

鎏金铜

壶: 高 27 厘米

盘: 口径 19.6 厘米, 底径 12 厘米

杯: 高 11 厘米, 底径 4.5 厘米

布达拉宫管理处藏

这件执壶为供酒器，束颈，高圈足，足外撇。壶柄和流均细长，器身鸡心錾刻云凤纹样，纹饰部分鎏金，周围刻满缠枝莲纹和卷草纹，配有鎏金铜质的盘、杯，杯子錾刻八宝纹和莲花纹。整套器物造型优美、别致。

鹤踏龟执壶

公元 18 世纪

银

高 31 厘米，底径 14.5 厘米

布达拉宫管理处藏

此对执壶为盛酒器，是清朝皇帝赐予布达拉宫的礼品，造型是万年龟和长寿仙鹤的巧妙组合，具有万寿无疆的美好寓意。

葫芦形执壶

公元 18 世纪

银

高 51.5 厘米，底径 13 厘米

布达拉宫管理处藏

萬壽

碧玉万寿纹龙钮盖执壶

明

玉

高 26 厘米，口宽 9 厘米，底宽 8.5 厘米

布达拉宫管理处藏

此壶玉质，深碧色，盖呈覆莲瓣形，其上镂雕一个带四个套环的钮，莲瓣式壶身，圆口，短颈，流略外倾，爬螭为柄，并自柄头垂有套环，腹部琢有八片莲花瓣，瓣上有各种花卉及“万寿无疆”纹，莲瓣高足。此壶纹饰繁缛，琢磨精细。

萬壽

龙柄执壶

公元 19—20 世纪

银

高 34 厘米，宽 42 厘米，底径 13 厘米

布达拉宫管理处藏

此壶球形腹，短颈，下有矮圈足，壶嘴、壶柄均做成龙头形状，口沿饰缠枝莲纹，圈足上也装饰有变形的忍冬纹，其上刻有一圈藏文，盖上有莲蕾状钮。这件酥油茶壶十分美观，整个器物既庄重又华丽。

绿釉茶炉、茶壶

公元 19 世纪

陶

通高 52 厘米，底径 18 厘米

布达拉宫管理处藏

藏族人喜爱喝酥油茶。在西藏的每户家庭中，可以看到不同的茶壶，有陶壶、铜壶、银壶，甚至金壶。金壶唯有达赖、班禅和世家贵族才能拥有，最普通的则是陶壶。这件陶质绿釉茶炉、茶壶造型古朴，属于藏族生活用具中极为普遍的温茶器具。使用时，先将碎牛粪和炭火放入茶炉内，然后把打好的酥油茶倒入壶中，置于茶炉上，上盖一块棉片，起到保暖的作用，让人随时都可以喝上热茶。

鎏金银锤揲茶盖、茶托

公元 19—20 世纪

鎏金银

高 18 厘米（不含茶碗），宽 14 厘米

布达拉宫管理处藏

青花菊花纹葵口碗

明　嘉靖

瓷

高 7.3 厘米，口径 15.7 厘米，底径 6.9 厘米

布达拉宫管理处藏

青花西番莲托八吉祥万寿无疆碗

清　乾隆

瓷

高 10 厘米，口径 18 厘米，底径 7.5 厘米

布达拉宫管理处藏

镶金墨绿玻璃杯

清

玻璃

高 5 厘米，口径 7 厘米，底径 4.5 厘米

布达拉宫管理处藏

青玉花卉纹碗

清

玉

高 5.5 厘米，口径 12 厘米，底径 4.4 厘米

布达拉宫管理处藏

青玉菊瓣碗

清

玉

高 3.9 厘米，口径 10.5 厘米，底径 4 厘米

布达拉宫管理处藏

青玉描金荷花碗

清

玉

高 6.9 厘米，口径 11.8 厘米，底径 5.5 厘米

布达拉宫管理处藏

根瘤木碗

公元 20 世纪

木

口径 20.4 厘米，底径 12.9 厘米

布达拉宫管理处藏

这件木碗呈现出神秘美妙的天然纹理，如行云流水一般。其所用木料为根瘤木，十分珍贵，自古被认为可以驱邪防毒、延年益寿。

粉彩八宝纹茶碗

清

瓷

高 6 厘米，口径 10.5 厘米，底径 4 厘米

布达拉宫管理处藏

大清光緒年製

碗套

碗套是顺应出行需求和游牧生活而产生的饮食器，具有轻便、易于携带的特点，在西藏使用得较为广泛。碗套材质多样，除了传统的皮质、毛质、木质碗套外，还有大量为保护瓷质茶器特别制作的银、铜和铁鎏金碗套等。

精美、珍贵的瓷器从中原传入西藏的渠道大部分为陆上运输，由于经过长途跋涉，瓷器到西藏后的破损率较高，为此特别制作碗套来保护瓷器。

白地红彩套料碗及碗套

清

瓷、藤

碗: 高 6.8 厘米, 口径 10.6 厘米, 底径 4.5 厘米

碗套: 高 8 厘米, 口径 12.3 厘米, 底径 5 厘米

布达拉宫管理处藏

嵌宝石银高足碗套

清

银、宝玉石

高 15.5 厘米，口径 18 厘米，底径 7 厘米

布达拉宫管理处藏

木质铜箍高足碗套

清

木、铜

高 19 厘米，口径 25 厘米，底径 9.6 厘米

布达拉宫管理处藏

藤编碗套

清

藤

高 12 厘米，口径 15 厘米，底径 5 厘米

布达拉宫管理处藏

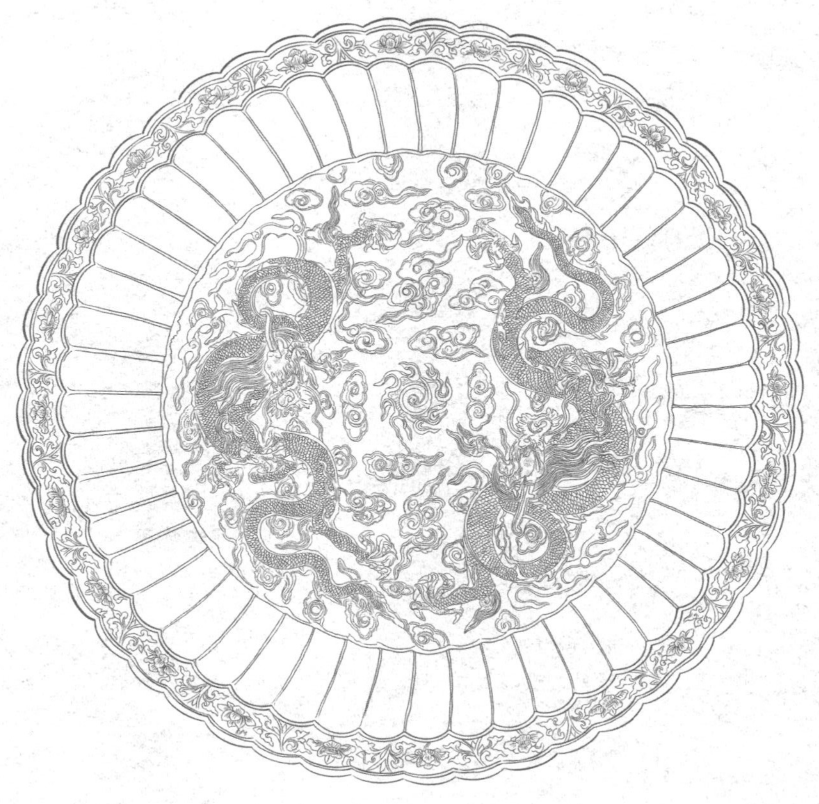

双龙戏珠菊瓣金盘线描稿

双龙戏珠菊瓣金盘

公元 18 世纪

金

口径 25.5 厘米，底径 18 厘米

布达拉宫管理处藏

此盘有藏文款，盘内纹饰精美，盘底錾刻双龙戏珠纹，盘中心为一火焰宝珠，两条蛟龙围绕着火焰宝珠，上下翻腾于云海之中，身躯矫健、动感强烈。龙为五爪，表明使用者的地位很高。器腹与口沿呈多瓣菊花形，并刻有藏文“17.6 两，下膳房”两行字，口沿上錾刻缠枝花卉。整个器物以黄金为材质，做工精致，呈现出璀璨华贵、吉祥喜庆的气氛，反映出制作敬献者对高僧大德的崇敬心理。

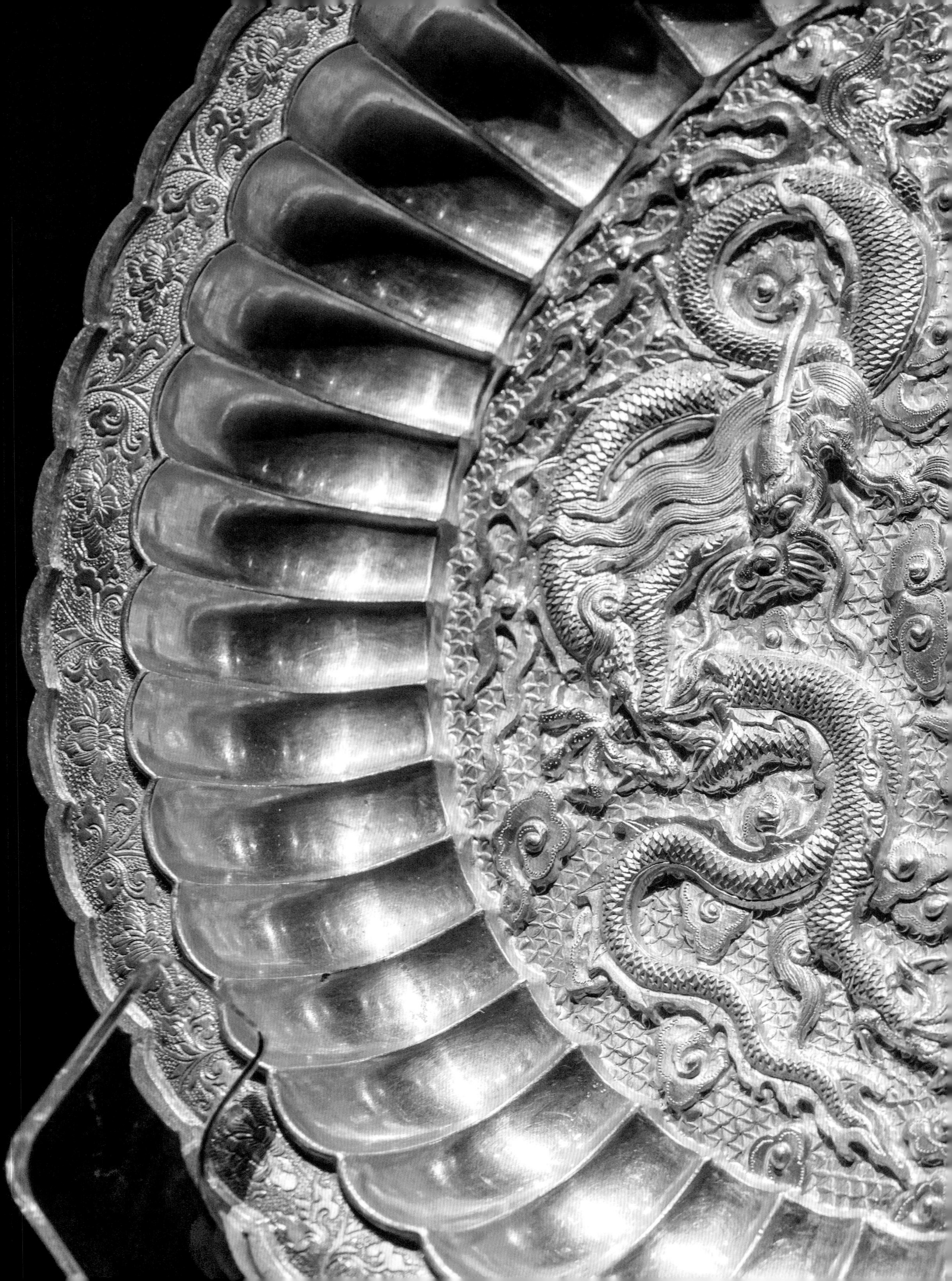

牛皮盘

公元 18 世纪

漆、皮

口径 20 厘米，底径 13.5 厘米

布达拉宫管理处藏

雕枝叶桃纹杯

清

犀牛角

高 6 厘米，口径 15 厘米，底径 7 厘米

布达拉宫管理处藏

错金索拉

公元 18 世纪

铁错金

高 36.7 厘米，底径 22 厘米

布达拉宫管理处藏

盛食器，藏语为“索拉”，有金、银、铜等多种质地。这件索拉是旧时西藏地方上层人士使用的盛食器。器形呈桶状，有盖，器身上有四道横箍的装饰带，器物通体错金莲花和八宝纹饰。

错金银索拉

公元 19—20 世纪

银错金

高 37.5 厘米，底径 21 厘米

布达拉宫管理处藏

錾莲纹盛食器

公元 19 世纪

铜

高 31 厘米，底径 16 厘米

布达拉宫管理处藏

棕色釉蒸笼

公元 19 世纪

陶

通高 41 厘米，底径 21 厘米

布达拉宫管理处藏

此类蒸笼是藏族家庭普遍使用的生活器具。蒸锅为双耳、平底；蒸笼共三层，皆为扁平状，每层腰部饰以联珠纹，带盖；釉色比较均匀，表面光滑，蒸出来的馒头和包子味道纯、无污染，实属绿色灶具。

鎏金嵌宝石双耳瓮

公元 18 世纪

银、珊瑚、绿松石、宝石

高 36.5 厘米，底径 22.5 厘米

布达拉宫管理处藏

此银质双耳瓮一般为富豪和贵族家用作盛酒器。盘口、短颈、鼓腹，口沿和两耳皆錾刻卷草和莲纹并镀金嵌宝石，腹中央嵌有镀金嵌宝石的日月，足为镀金莲花瓣并饰有珊瑚、绿松石等宝石。此酒瓮器形别致美观，材质优良，制作工艺精美，代表着西藏盛酒器工艺的制作水平和风格。

镂空八宝三多纹三足火盆

公元 19 世纪

铜

高 50 厘米，腹径 47 厘米

布达拉宫管理处藏

火盆是藏族人民冬季取暖的生活用具。此件火盆由盖、盆、足三个部分组成，整体采用了镂雕工艺。盖柄为多层莲花钮，罩上镂雕曲水纹，开光内雕八宝三多纹等吉祥纹样，三足饰有团寿纹。此火盆造型端庄大方，做工精细，是此类器物中的精品。

珐琅缠枝花卉纹长方熏炉

公元 18 世纪

银胎画珐琅

高 13.4 厘米，长 55 厘米，宽 19.8 厘米

布达拉宫管理处藏

角质鼻烟壶

公元 19 世纪

牛角、象牙

长 14 厘米，口径 3.5 厘米

布达拉宫管理处藏

此鼻烟壶主体以黑色牛角雕刻而成，再镶嵌以白色的象牙，并在象牙上进行镂雕，具有典型的藏族传统特色，色彩对比强烈，工艺精湛，堪称上乘之作。

粉彩八宝纹雕瓷鼻烟壶

公元 18—19 世纪
瓷、金、珊瑚
高 9 厘米，宽 4.5 厘米
布达拉宫管理处藏

此鼻烟壶粉彩镂雕饰八吉祥纹，壶口包金并绘回纹，壶盖镶嵌一颗红珊瑚，壶底饰一周如意云纹，足内矾红“嘉庆年制”四字篆书款，小巧玲珑、别致秀美、便于携带。壶身八吉祥纹布局匀称，雕瓷技艺高超，制作精良，代表了藏族传统文化与中原发达的制瓷工艺完美和谐的统一，也是多民族文化交流与融合的历史见证。

镂雕狮子绣球鼻烟壶

公元 18 世纪
瓷、金、珊瑚
高 8.5 厘米，宽 6 厘米
布达拉宫管理处藏

该鼻烟壶制作工艺极为考究，在仅 8.5 厘米高的器身上镂雕有九只形态各异、憨态可掬的戏球狮子，壶口和壶底包金，壶盖和勺子也为金质，壶盖上镶嵌有一颗红珊瑚，彰显了原使用主人显赫而高贵的身份。

“马上封侯”图摆件

公元 18 世纪

松石

高 14.5 厘米，底宽 9 厘米

布达拉宫管理处藏

面具

面具，藏语称“巴”，质地有布、纸、泥、木、石、金属等。根据功能不同，可分为民间面具与宗教面具两种。布达拉宫藏面具为羌姆（藏族宗教舞蹈）面具，主要用于寺院僧侣进行羌姆仪式的表演，其中运用的表现手法及包含的艺术形象、宗教符号都具有独特的审美意蕴。

大黑天护法神面具服饰套装

公元 18—19 世纪

布

面具：高 59 厘米，宽 42 厘米，厚 31 厘米

跳神服：高 150 厘米，宽 187 厘米

布达拉宫管理处藏

此件护法神面具呈现的是忿怒相护法神，戴骷髅头冠，三目圆睁，獠牙外露，红舌翻卷，火焰形眉毛、胡须上扬，色彩搭配和谐，威武无比。

尸陀林面具

公元 18—19 世纪

布

高 42 厘米，宽 55 厘米，厚 34.5 厘米

布达拉宫管理处藏

尸陀林的形象奇特、可怕，是白骨森然的两具男女骷髅像，表达了佛教的无常思想。

僧官服饰

公元 18—19 世纪
氆氇、丝织品
氆氇坎肩：长 83 厘米，肩宽 71.5 厘米
布达拉宫管理处藏

此僧官服饰是由氆氇制成的，氆氇是羊毛经过刷毛、拈线、染色和编织等工序后的制品，是用来制作藏装的一种原料。这件僧官服饰采用羊颈毛细软上等氆氇缝制，而普通人只穿粗氆氇所制的服饰。氆氇制成的衣服在西藏地区备受喜爱，这种服饰不仅保暖，也具有独特的民族特色。

龙纹俗官服

公元 19—20 世纪

丝织品

长 143 厘米，宽 188 厘米

布达拉宫管理处藏

嵌宝石鎏金银马鞍

公元 18—19 世纪
丝织品、珠宝、合金、木
总高 91 厘米；马鞍高 29 厘米，长 65 厘米，宽 69 厘米
布达拉宫管理处藏

马是西藏曾经主要的交通工具，马具也成为显示身份、地位的一种象征。这副鎏金银马鞍上精雕细镂龙、宝珠、卷草等装饰，其间镶嵌纯天然的宝石，十分豪华。马鞍的配饰鞍垫、鞍褥等用上等的绸缎制作，马镫用铁制作，其上鎏金图案具有浓郁的民族特色。

天路神工

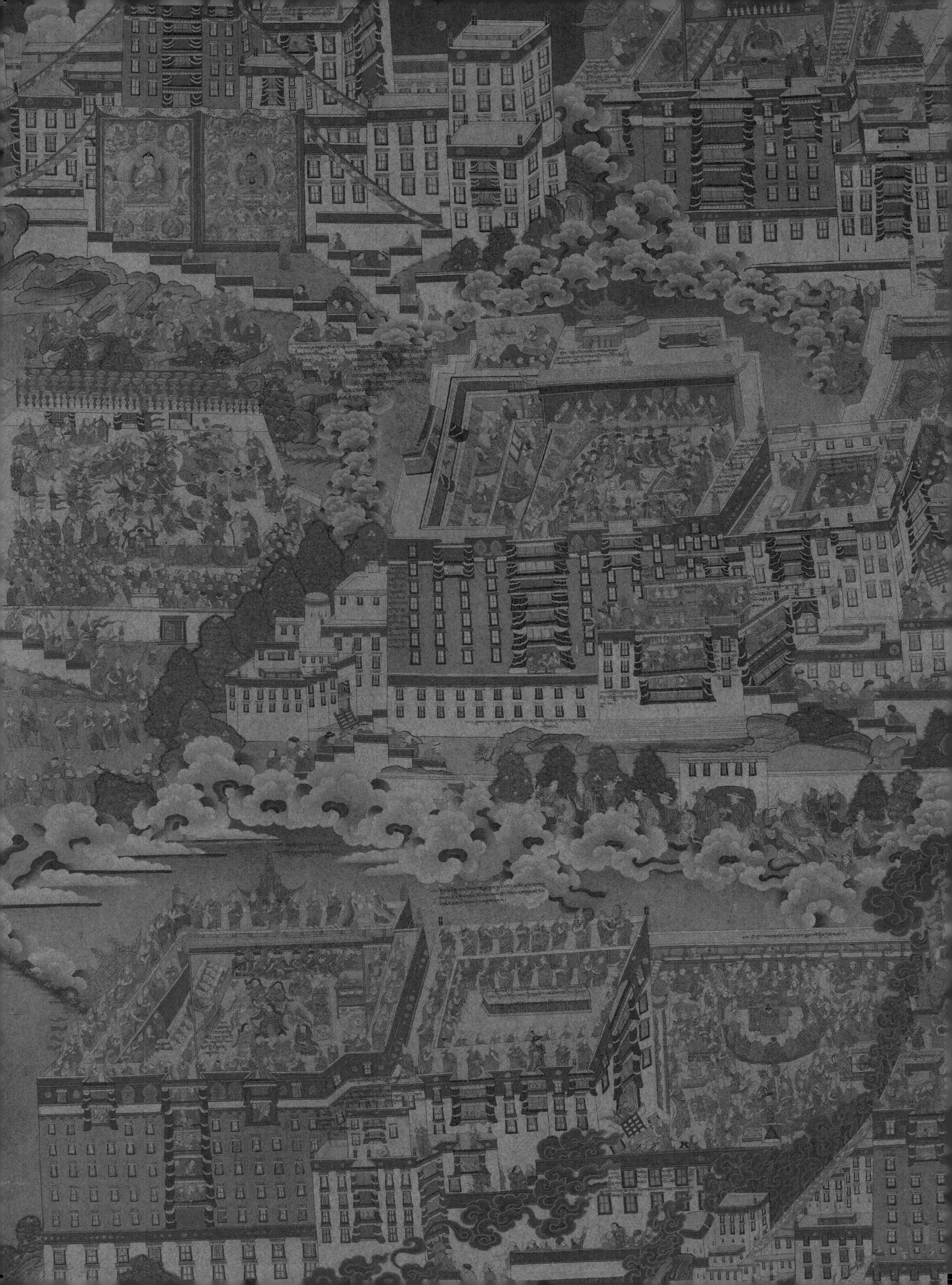

作为古代藏族建筑艺术的技术成就的集中体现，布达拉宫却曾因几百年间未进行系统修缮而险情频出。为此，国家投入巨额资金对布达拉宫进行了两次大型维修，并对其中的珍贵文物进行专项保护修复。历经千年风风雨雨，布达拉宫如今依然以愈发壮丽的雄姿屹立在雪域之巅，成为中国乃至世界绝无仅有的瑰宝。

正在维修的红宫

一期维修

1989 年，布达拉宫一期维修工程正式开始，维修项目 110 余项，维修面积 3 万余平方米，于 1994 年 8 月竣工。工程费用共计 5300 余万元，从工程规模、技术难度和经费金额来说，布达拉宫这次维修都算得上是新中国成立以来首屈一指的古建维修工程。布达拉宫的维修保护始终遵循“尊重传统、尊重科学、精心施工、确保质量”的原则，坚持“原真性”维修，数年大规模的保护维修，最大限度地延续了布达拉宫的历史原貌和细节特征，也使千百年来的传统工艺技术及建筑材料得以保留。

國務院關於維修布達拉宮的批覆

西藏自治區人民政府：

你區 1987 年 9 月 12 日《關於搶修布達拉宮的緊急請示》(藏政發［1987］64 號）收悉。根據國務院領導同志批示精神，經組織有關專家實地考察、測算和研究，現對有關問題批覆如下：

一、布達拉宮是我國歷史文化遺產中輝煌的瑰寶，維修好布達拉宮，對於貫徹執行黨的統戰、民族和宗教政策，對於保護文物、弘揚祖國文化、開發旅遊業等，都有重要的意義。你區和國務院有關部門應當密切協作，把維修布達拉宮的工作抓緊、做好。全部工程争取在 1993 年底以前完成。

二、爲了加强領導，同意成立布達拉宮維修領導小組，負責維修中重大問題的決策和領導。領導小組由李鐵映同志任名譽組長，自治區人民政府領導同志任組長，國家文物局的有關領導同志任副組長，成員由財政部、國家計委、國家民委、物資部、國務院宗教局和中央統戰部的領導同志組成。

三、鑒於維修布達拉宮的重要意義和你區財力較爲困難的實際情況，中央財政給予專項補助 3500 萬圓，直接用於重點維修項目的支出，由財政部對國家文物局包乾使用。國家文物局按工程進度分年撥交你區使用，其中 1988 年爲 500 萬圓，主要用於工程設計和建築材料準備；1989 年至 1993 年每年爲 600 萬圓。清理、準備施工現場所需費用原則上由你區自行解決，如確有困難，可與國家計委協商解決。

四、施工隊伍由你區負責組織，國家文物局予以技術指導。維修材料原則上由你區解決，對一些短缺或當地難以解決的材料，可請國家有關部門協助解決。要切實保證布達拉宮維修工程質量，做好施工中文物安全保護和有關協調工作，同時對維修經費要精打細算，節約使用。

五、國家計委、國家民委、物資部、國務院宗教局等部門均應在各自職責範圍内，對維修工程的重點項目給予優先照顧和積極支持。

1988 年 10 月 25 日

国务院关于维修布达拉宫的批复

维修前

红宫门厅的三排梯（左上）

拆换下来的腐旧木材（左下）

地垄内椽子虫蛀、断裂的状况（右）

白宫立付局下垂的大窗（左上）

塌陷的北行解脱道上的登山石阶（左下）

七世达赖喇嘛灵塔殿金顶木构件腐朽状况（右上）

东庭院地垄墙壁开裂状况（右下）

维修中

白宫西日光殿（上）

红宫西有寂圆满大殿施工现场（右上）

注射防腐防虫药剂（右下）

拆除白玛草墙（左上）

东有寂圆满大殿（左下）

顶住大梁、拔正柱子（右）

落架大修中的旧僧舍

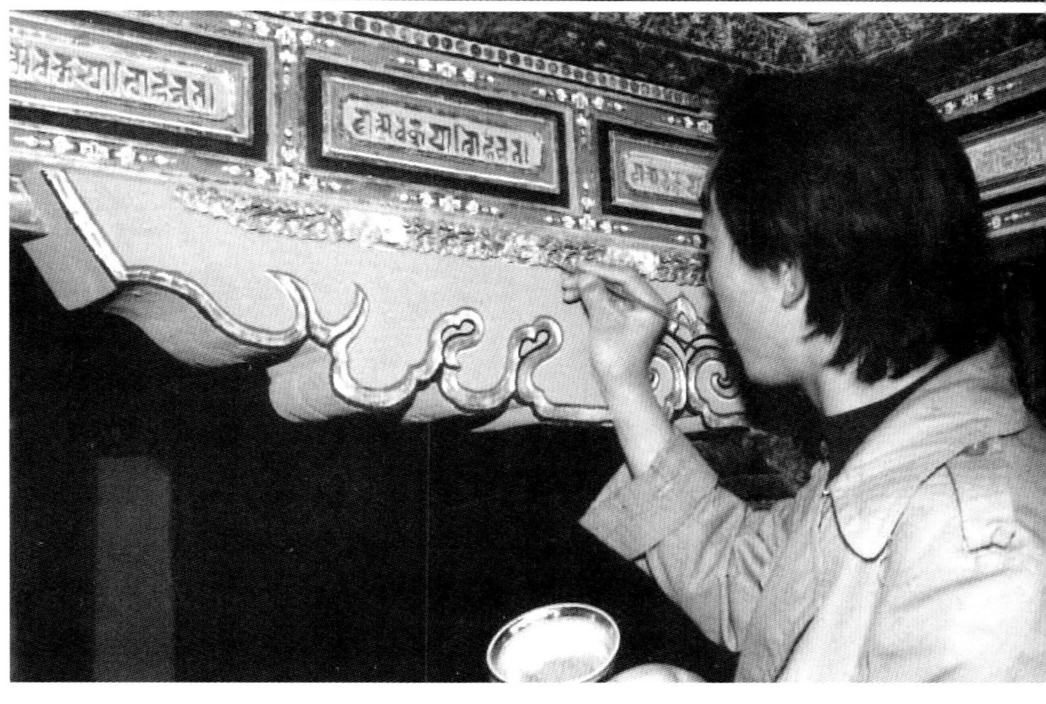

施工前包扎好的坛城（上）

修复人员正在彩绘木构件（下）

北行解脱道的登山石阶（左）

红宫三层回廊（右）

※ 图片来源：姜怀英、噶苏彭措朗杰、王明星：《西藏布达拉宫修缮工程报告》，文物出版社 1994 年版。

落架大修中的七世达赖喇嘛灵塔殿金顶

布达拉宫维修项目和工程作法

序号	项目名称	修缮面积 /m^2	维修工程作法概要说明
施工准备工作			
1	清理地垄垃圾		总计清理出各类垃圾 496 车 (40 吨卡车)
2	泵房改建工程		水箱渗漏，基础沉陷。修复水箱，重做水箱基础
3	储料场围墙、料棚		在布达拉宫东侧和拉萨河南岸建木材储料场两个，修建围墙 600 米、料棚及管理用房 1500 平方米
红宫维修工程			
4	西有寂圆满大殿	460	纠正南侧回廊木结构的倾斜错位变形。撤除临时支撑的柱子，更换柱子一根、大斗七个、椽子 83 根
5	五世达赖喇嘛灵塔殿	573	纠正两组柱、梁构架的倾斜变形，更换椽子 90 根
6	世系殿	218	一般性保养维修
7	菩提道次第殿	195	一般性保养维修
8	持明殿	288	纠正弓形肘木等构件变形约三组，更换椽木 45 根，更换窗户 46 平方米，修补加固柱子两根，换肘木一件
9	药师殿	120	重铺阿嘎土屋、地面
10	法王洞	64	更换椽木三根，撤掉后加支柱六根，清洗壁画
11	普贤追随殿	40	一般性保养维修
12	响铜殿	202	调整木构架变形，更换了少量木构件
13	时轮殿	175	调整殿内所有柱头构件的扭曲变形
14	释迦能仁殿	58	纠正殿内两根柱头构件的变形，更换大梁两根
15	无量寿佛殿	78	纠正四组柱头构件的变形，西墙壁画揭取归安
16	秘书处	124	更换柱子 12 根、梁 10 根、垫木和肘木各八件、椽木 144 根、窗户 23 平方米，重铺阿嘎土地面，油饰彩画
17	释迦百行殿	54	更换柱子四根、垫木和肘木共 11 件、椽子 51 根，重铺阿嘎土地面，油饰彩画
18	休息室	193	更换地面椽木 128 根，柱子 18 根，梁两根，重铺阿嘎土地面和银屋顶，木构件油饰彩画
19	圣观音殿	70	加固暗层，拆砌西侧墙体，墙内增加过梁，减轻对法王洞屋顶的压力，壁画揭取归安，更换椽木 10 根，重铺阿嘎土地面
20	七世达赖喇嘛灵塔殿	480	金顶拆除重建，纠正木构架变形，加固节点，拆砌前墙（即圣观音殿的西墙）和后墙上部（包括白玛草），重铺阿嘎土屋面，更换部分木构件
21	八世达赖喇嘛灵塔殿	50	重铺阿嘎土屋面
22	九世达赖喇嘛灵塔殿	60	重铺阿嘎土屋面
23	弥勒佛殿	80	重铺阿嘎土屋面
24	坛城殿	136	调整木构架变形，重铺阿嘎土屋、地面

续表

序号	项目名称	修缮面积 /m²	维修工程作法概要说明
25	殊胜三界殿	121	揭顶修缮，更换梁三根、椽子 120 根、窗户 23 平方米，重铺阿嘎土屋、地面
26	长寿乐集殿	246	调整构件变形，更换椽子 21 根，重铺阿嘎土屋、地面
27	十三世达赖喇嘛灵塔殿	100	修补屋顶阿嘎土面层
28	上师殿	114	调整下沉梁柱，重铺阿嘎土地面
29	二、三、四层回廊	600	更换柱子 32 根、梁 34 根、垫木和肘木各 33 件、椽子 100 根，重铺阿嘎土屋、地面
30	金瓶室	114	一般性保养维修，重铺阿嘎土
31	七世达赖喇嘛灵塔殿金顶		拆除重建，补换少量鎏金铜瓦
32	十世达赖喇嘛灵塔殿金顶		拆除重建，补换少量鎏金铜瓦
33	五世达赖喇嘛灵塔殿金顶		补换少量鎏金铜瓦
34	屋顶各类鎏金饰件		清洗去污，局部修补
35	红宫门厅	80	纠正柱头变形，更换檐头椽飞，修复三联梯，重铺地面
36	内引室	150	纠正柱头变形，更换柱子两根、椽子 46 根、窗户 23 平方米，重铺地面
37	吠陀堂	150	更换柱子两根、梁三根、椽 46 根、窗户 23 平方米，重铺地面
38	经书库	36	揭顶修缮，更换木构件，重铺屋面和地面
39	衣服库	42	揭顶修缮，更换木构件，重铺屋面和地面
40	旺康楼	245	揭顶修缮，更换木构件，重铺屋面和地面
41	红宫地垄	200	一般性保养维修

白宫维修工程

序号	项目名称	修缮面积 /m²	维修工程作法概要说明
42	东有寂圆满大殿	347	打牮拨正，纠正木构架变形，更换柱下过梁，撤除临时支撑的柱子，更换梁一根、垫木和肘木四件、揭取清洗壁画，重铺地面
43	东大殿前厅	163	纠正柱头变形，重铺地面，油饰彩画
44	立付局	163	更换椽子 15 根、窗户 22 平方米，加固东墙，重铺地面
45	马鞍库	90	打牮拨正，纠正构件变形，更换部分梁、椽
46	堪布仓	80	打牮拨正，纠正构件变形，更换部分梁、椽
47	经师办公室	172	打牮拨正，纠正构件变形，更换部分梁、椽
48	上立付局	166	更换柱子 13 根、梁 21 根、椽子 193 根，重铺屋面和地面
49	经师住处	200	更换部分木构件，纠正构件变形，重铺地面
50	雪嘎	163	纠正构架变形，更换部分构件
51	本息收发室	163	调整构架变形，重铺地面
52	噶厦	30	调整构架变形，重铺地面

续表

序号	项目名称	修缮面积 /m^2	维修工程作法概要说明
53	书房	20	调整构架变形，重铺地面
54	西日光殿福地妙旋宫	335	调整构架变形，更换大梁 15 根、椽子 144 根，重铺屋、地面
55	西日光殿福足欲聚宫		
56	西日光殿喜足绝顶宫	336	调整构架变形，更换部分椽木，重铺屋、地面，拆修白玛草墙 121.7 平方米
57	西日光殿南、北护法殿		
58	东日光殿喜足光明宫	120	重铺屋面，一般保养维修
59	东日光殿永固福德宫	20	重铺屋面，一般保养维修
60	东日光殿护法殿	15	重铺屋面，一般保养维修
61	东日光殿长寿尊胜宫	20	重铺屋面，一般保养维修
62	东日光殿寝宫	15	重铺屋面，一般保养维修
63	白宫回廊	140	打牮拨正，更换柱子六根、梁 12 根、椽 248 根，重铺地面
64	果品库	30	更换过梁，重铺地面
65	仓库管理局	120	打牮拨正，重铺地面
66	白宫北侧地垄	946	增砌护壁石墙，下两层椽子换成钢筋混凝土结构，重铺地面
67	白宫南侧地垄	337	增砌护壁石墙，更换部分椽子，重铺地面
68	红、白宫通道	172	揭顶重建，木构件更换约 80%

附属建筑

序号	项目名称	修缮面积 /m^2	维修工程作法概要说明
69	东庭院广场及地垄	1300	更换椽子 595 根，重铺地面
70	东庭院南侧廊房及地垄	351	更换地垄椽木，重铺屋、地面
71	东庭院北侧廊房及地垄	600	廊房西侧五间拆除重建，重铺屋面
72	东庭院厕所	150	拆除重建
73	僧官学校	900	打牮拨正，更换柱、梁各两根、椽木 60 根
74	东大堡主楼	245	修复内天井高侧天窗，重铺屋面
75	东大堡厕所	286	拆除重建
76	僧官学校东舍		更换部分木构件，重铺屋、地面
77	虎穴圆道	139	上层拆除重建，更换白玛草檐 20 平方米、椽 220 根，换成钢筋混凝土结构
78	皮革库	80	一般性保养维修
79	旧山岗	98	用钢筋混凝土材料加固地垄
80	大净厨房	421	揭顶重建，更换梁、柱、椽的比重约为 60%，重铺屋、地面
81	旧僧舍及地垄	654	部分僧舍揭顶重建，其余重铺屋面
82	新僧舍	98	更换部分木构件，重铺屋、地面

续表

序号	项目名称	修缮面积 /m^2	维修工程作法概要说明
83	下僧舍	300	局部揭顶重建，重铺屋、地面
84	亚谿楼	600	一般保养维修，重铺屋面
85	马厩	300	揭顶重建
86	亚谿厕所	60	局部揭顶重修
60	局部揭顶重修	383	揭顶重修
87	地母堡	300	一般性保养维修
88	凯旋堡	450	一般性保养维修
89	福足堡	103	揭顶重修
90	西圆堡	103	揭顶重修
91	北行解脱道	568	一般保养维修
92	圆满汇集道	94	偷梁换柱，更换过梁七根、椽子 39 根
93	战敌楼	479	揭顶重修
94	大唐卡库	250	重铺阿嘎土屋面
95	藏军司令部	2608	加固地垄，复原顶层，重铺屋、地面阿嘎土
96	雪巴勒空	500	更换部分木构件，重铺屋、地面阿嘎土
97	黄舍房	1036	揭顶重修
98	监狱	700	揭顶重修
99	东印经楼	200	一般保养维修
100	城墙		局部补修加固
101	南宫门	1907	揭顶重修
102	东宫门	1100	揭顶重修
103	西宫门	1207	揭顶重修
104	东南角楼	1000	揭顶重修
105	西南角楼	1119	揭顶重修
106	前后登山道护壁墙、女儿墙	1700	更换椽木（用钢筋混凝土代替），修补白玛草墙
其他工程			
107	电线改装		
108	排水管道		东、西大殿明沟改为暗管排水，红、白宫落水管更新加大
109	木材防虫防腐		购置设备、药品
110	壁画保护		共计揭取归安壁画 165 平方米，修复加固 50 平方米
111	文物柜架修复及技防工程		殿堂内存放经书的柜架加固维修，增设防火、防盗的监视系统

维修后

大殿内景（左）

一期维修中的残损木质构件样品（右）

一期维修工程——建筑铜构件维修

铜饰修复（上）

修复红宫休息室屋面（中）

浮雕能手次仁平措向年轻艺人传授浮雕工艺（下）

UNITED NATIONS EDUCATIONAL,
SCIENTIFIC AND
CULTURAL ORGANIZATION

CONVENTION CONCERNING
THE PROTECTION OF THE WORLD
CULTURAL AND NATURAL
HERITAGE

The World Heritage Committee
has inscribed

the Potala Palace, Lhasa

on the World Heritage List

Inscription on this List confirms the exceptional and universal value of a cultural or natural site which requires protection for the benefit of all humanity

DATE OF INSCRIPTION
17 December 1994

DIRECTOR-GENERAL
OF UNESCO

1994年公布布达拉宫为世界遗产的公示牌

万尺布宫　毫厘探微

布达拉宫壁画保护维修施工现场

二期维修

二期维修工程自 2002 年开始至 2009 年完成，历时 7 年，总投资 1.793 亿元，完成了 1722 平方米的壁画保护修复、5 万余平方米的雪城保护维修，进行了 6 万余平方米的环境整治。此次维修遵循“保护为主、抢救第一、合理利用、加强管理”和“先救命，后治病”的修缮方针，是文化遗产保护的成功典范。

维修中运用传统方法研磨矿质颜料（上）

颜料制作过程（中）

维修使用的颜料原材料（下左）

维修使用的矿质颜料（下右）

整理古书

布达拉宫内藏有大量各种古书，1978 年，古书的整理和研究开始进行，至今仍在继续。

古籍数字化保护

制作用于古籍修复的藏纸

金银汁书写《般若八千颂》经书

公元 17 世纪

蓝靛纸

长 49.5 厘米，宽 8.5 厘米

布达拉宫管理处藏

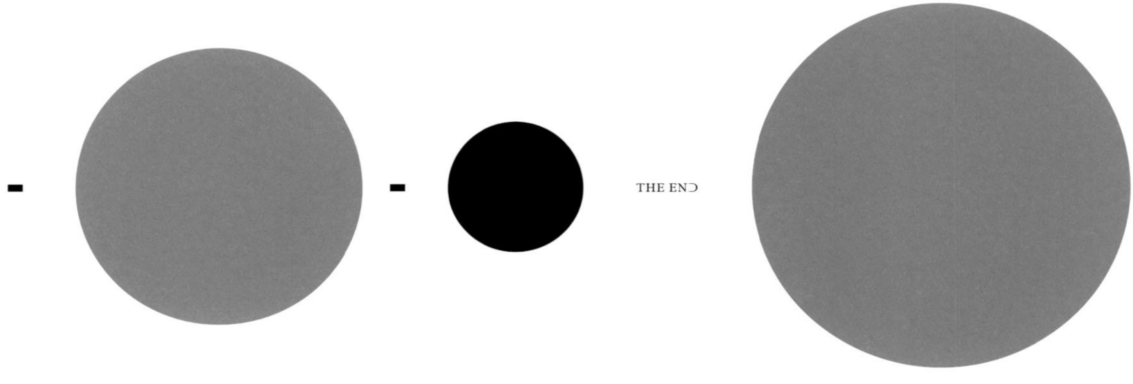
THE END

结 语 THE END

中华民族以其悠久的历史和灿烂的文化屹立于世界民族之林。在漫长的历史进程中，全国各族人民荣辱与共、肝胆相照、交流融合，形成了中华民族意识共同体、文化共同体、命运共同体，共同创造了具有突出的连续性、创新性、统一性、包容性和和平性的中华文明。

布达拉宫作为这一历史进程的见证，跨越十几个世纪，耸立在世界屋脊之上，在青藏高原纯净清澈的阳光照耀下，散发出动人心魄的华丽壮美。布达拉宫承载着西藏人民美好生活的祈愿，是中华民族灿烂多彩文化的代表之一。随着文化遗产保护和研究的不断深入，更多动人的雪域故事将被陆续揭开，在新时代展露出别样风采。

索引

闭展倒计时
1
天
有机会一定去
布达拉宫一次！
布达拉宫
来自雪域的世界文化遗产
02.06
2024
05.19

闭展倒计时
2
天
在一个大雪纷飞的日子赶到了中运博，
为的就是看这场来自雪域高原的大展……
真的很感谢中运博，
让我们不用行千里，
就能看到如此精彩的世界文化遗产。
泱泱大中华，华夏文明一路璀璨。
@耳东先森186
布达拉宫
来自雪域的世界文化遗产
02.06
2024
05.19

闭展倒计时
3
天
继承了中运博一贯的高质量展览，
让观众不用奔赴千里也可一览
雪域高原的金著银华。
布达拉宫
来自雪域的世界文化遗产
02.06
2024
05.19

闭展倒计时
4
天
年轻的中国大运河博物馆
迸发出无穷的活力，
把布达拉宫从白雪皑皑的青藏高原
带到烟雨蒙蒙的江南之地，
让天山雪莲绽放在扬州的春风中，
给观众带来了美的享受。
布达拉宫
来自雪域的世界文化遗产
02.06
2024
05.19

闭展倒计时
5
世界文化遗产的千年史诗，
流相融的见证。
@偶然君
布达拉宫
来自雪域的世界文化遗产
02.06 2024 05.19

闭展倒计时
6
是千百年来中华文明汉藏民族
文化艺术交流融通的历史见证。
@晏楼君
布达拉宫
来自雪域的世界文化遗产
02.06 2024 05.19

闭展倒计时
7
天
穿越千年的河流承载着历史的重量，
将这座天上的宫殿带到了人们的面前。
布达拉宫
来自雪域的世界文化遗产
02.06 2024 05.19

闭展倒计时
8
天
愿你的每一块石头都能讲述一段故事，
每一道雕刻都能传递一份情感，
让布达拉宫的传奇永远流传下去。
布达拉宫
来自雪域的世界文化遗产
02.06 2024 05.19

布达拉宫精细化测绘与预防性保护

查群
中国文化遗产研究院

世界遗产布达拉宫坐落在拉萨河谷中心海拔约 3700 米的红山之上，是集行政场所、宗教寺庙、宫殿于一体的综合性建筑，由白宫、红宫及其附属建筑组成。该建筑群始建于 7 世纪吐蕃王朝时期，现存主体建筑为 17 世纪由五世达赖喇嘛及其摄政王第司・桑杰嘉措主持修建，之后经多次改、扩建，至 1935 年十三世达赖喇嘛灵塔殿落成后，形成了今日的格局和规模。

布达拉宫是典型的汉藏结合的山地宫堡建筑，以砌筑在山体之上纵横交错的地垄作为建筑基础，在其上修建庞大而稳固的主体建筑。地垄是藏式山地建筑的一种独特的建筑基础形式，由纵横交错、高度依山势变化的墙体构成井字形基础结构体系。地垄一方面增加了山地建筑基础的底面积，另一方面更是将上部荷载传递给山体基岩，并有效防止上部建筑滑移。布达拉宫现存建筑系经过不同时期多次改、扩建而成，部分地垄被后期建造活动所占压，因此结构错综复杂，至今仍有相当部分地垄的分布情况未知。

经过 1989—1994 年的第一次大修和 2002—2009 年的第二次大修之后，布达拉宫大多数暴露在外的重大险情已经得到了很好的控制，文物建筑总体保存状态良好。但在布达拉宫保护工作中，一直存在未知空间不停被发现，以及缺乏墙体裂缝整体分布情况的三维定位的问题，要彻底解决这些影响布达拉宫保护工作的不确定因素，全面、真实、精确的测绘是最直接、无损的方式。

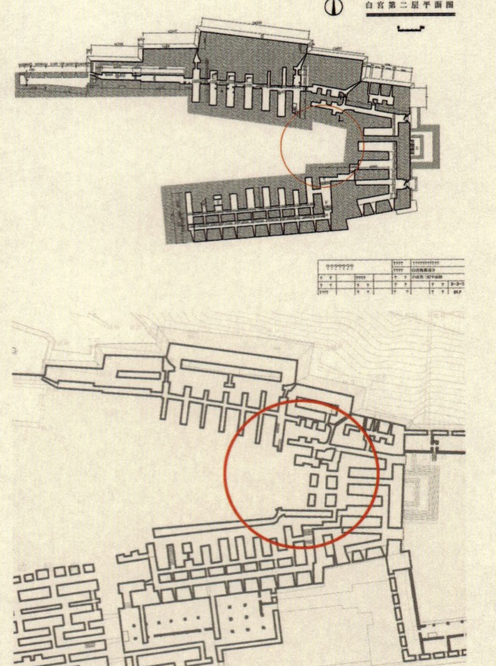

图1　分别于2002年和2008年绘制的同一位置的地垄平面图，红圈内是地垄的变化（上图由中国文化遗产研究院布达拉宫第二期维修项目组绘制；下图由中国文化遗产研究院布达拉宫保护规划项目组绘制）

一、布达拉宫精细化测绘的开展

（一）布达拉宫精细化测绘工作缘起

布达拉宫保护中的信息盲区包括几个关键问题：

一是迄今为止，因尚有未发现的“地垄”，始终没有完成对布达拉宫完整建筑形态的整体认识（图 1）。

二是对这些未知地垄空间保存状态的勘察工作无法进行，因而无从全面了解布达拉宫建筑的保存状态。

三是缺乏支撑建筑结构稳定性评估的分析数据。对于结构体系是墙砌体的布达拉宫建筑来说，完整的建筑形态和良好的墙体保存状态是支撑建筑结构稳定性的核心要素。2012 年，布达拉宫的结构监测系统开始采集数据，截至 2020 年已持续 8 年，获得大量有效的结构分析数据，但由于无法获取未知空间保存状态资料，因此未能系统掌握布达拉宫所有墙体的裂缝整体分布情况。

四是尚未获得红山上山洞对建筑稳定性是否存在威胁的可靠分析数据。20 世纪 60 年代时在红山上挖凿的三处山洞中，有两处位于红山两侧山脚，进深较小，对山体和建筑危害不大。但位于布达拉宫雪城西侧、“雪堆白”后的 2 号山洞，进深 100 余米，内部走向曲折，形态不规则，之前的测绘方式都无法获得其准确三维坐标，不能确定 2 号山洞对布达拉宫建筑是否存在危害。

对于解决上述几个问题的方法，研究者在持续的保护工作中一直在探索，总结而言，主要有两种方式：

第一种是在实施保护工程中，出于保护措施需要，在揭露屋顶或地面时发现未知地垄。这种方式简单直接，但只有在必须揭露的部位才能实施，存在较大的偶然性，不可能做到全覆盖。

第二种是通过测绘手段摸清山体和建筑之间的关系，通过已知的山体和建筑的留白部分，顺藤摸瓜找到未知地垄。尤其是先通过测绘确定已知目标的三维坐标，再去寻找未知地垄的空间定位，是一种准确、无接触、不损坏文物、有计划且不会遗漏的方式，并具有很强的主动性。

由此可见，测绘是解决上述问题的主动而无损的方法。在以往对布达拉宫的保护工作中，测绘技术和手段的发展可分为以下几个阶段：

（1）1989—1994 年，在布达拉宫第一次大修过程中，采取当时先进的近景摄影方式获得布达拉宫精确的外立面二维图，采用经纬仪、小平板及皮尺、钢尺等传统设备获得布达拉宫完整的外立面和内部空间的准确测绘图纸。

（2）2000—2009 年第二次大修时，采用大地测量网、布置控制点，以及全站仪、激光测距仪等测绘工具，配合传统方式进行测绘。彼时业界已普遍使用计算机辅助绘图软件（AutoCAD）绘制建筑图纸，但测绘方式依然采用传统方式，因此，虽然能获得 CAD 电子版建筑测绘及维修设计图纸，但形成的测绘成果基本是分建筑组群及分层绘制的，没有解决难以认识建筑空间准确的相互关系的问题。

（3）2006—2013 年编制布达拉宫保护规划期间，精细化测绘已经在布达拉宫展开，采用全站仪和三维激光扫描相结合的方式，通过全站仪对建筑外轮廓进行三维定位并建模，采用测光测距仪、激光水平仪，通过联系测量、三角测绘等方法，获取建筑内部空间的三维数据，并运用 AutoCAD、SketchUp 等软件建立了布达拉宫建筑的三维电子模型，以此认识布达拉宫复杂空间的相互关系。考虑到布达拉宫的复杂性，当时还计划将三维模型纳入 GIS 系统进行数据管理，但限于客观条件尚未成熟而并未实现。

经过上述几个阶段的保护及测绘工作，研究者已经发现了布达拉宫建筑内部大部分隐藏空间和暴露出来的病害分布情况，针对布达拉宫建筑整体认识及保存状态评估做了大量基础工作，但由于尚有未知地垄，以上几个亟待解决的关键性问题依然存在。

那么需要什么样的测绘数据才能发现那些“隐藏很深”的地垄，又用什么方法获得这些测绘数据呢？

首先，要分析布达拉宫的建造特点及其复杂性：

（1）布达拉宫建造在红山之上，属于典型的山地建筑，同时也是一组庞大、空间错综复杂、建筑形态组织完全不规则的“非标”建筑群。为保持建筑的稳定，建筑外部墙体收分大，建筑内部空间依山势变化而被设计得百转千回，没有一面墙是直的，没有一块地面是平的，没有标高相同的室内空间地坪（图 2）。

（2）布达拉宫的建造非一次性完成，主体建筑从 7 世纪始建（仅存法王洞）、17 世纪中期重建（白宫及基本建筑格局）、17 世纪后半期改扩建（拆改部分白宫，建成红宫）、18 至 19 世纪各世达赖喇嘛不断拆改和扩建，直至 1935 年拆除部分扎夏建筑并利用其基础建成十三世达赖喇嘛灵塔殿，方完成了整个建筑群的建设工作，形成现在的布达拉宫整体格局，各期建造痕迹互相叠压、犬牙交错。

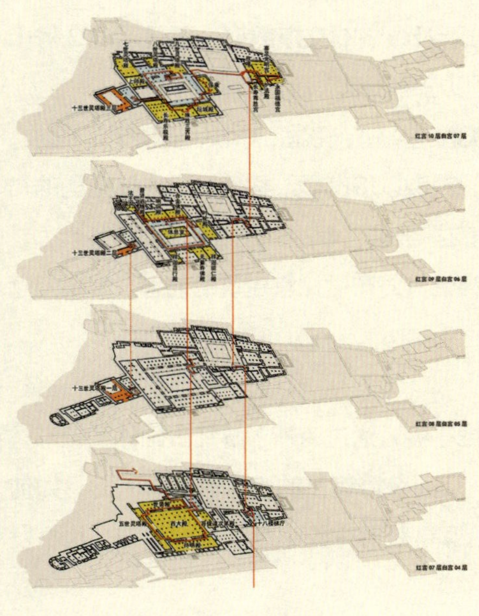

图2　复杂的“非标”建筑——布达拉宫红宫与白宫平面关系（中国文化遗产研究院布达拉宫保护规划项目组绘制）

（3）为了在山体上建造庞大的宫殿，工匠砌筑依山而建、纵横交错的地垄，以增加上部建筑的面积，更重要的是将上部荷载传递给山体基岩，并有效防止上部建筑滑移。地垄是布达拉宫建筑结构支撑体系的关键部位，是布达拉宫建筑结构体系的基石。由于布达拉宫现存建筑系经过不同时期多次改、扩建而成，部分地垄被后期建造活动所占压、掩盖、隐藏，结构更为错综复杂。

对于这样的一座“非标”建筑群，目前获取准确测绘数据的办法就是建立建筑外轮廓、内部空间及其载体（红山）真实准确的三维坐标体系。

而之前的测绘技术和方法很难达到这一要求，直至 2015 年，在无人机倾斜摄影、三维激光扫描等技术日渐成熟并已经广泛应用于测绘和文物保护领域的背景下，布达拉宫精细化测绘项目适时启动。

（二）布达拉宫精细化测绘的实施

明确了要通过精细化测绘解决的关键性问题，布达拉宫的精细化测绘，从一开始就有了针对性。

归纳以上需要解决的四个关键问题：

一是对建筑形态的整体认识；二是对建筑保存状态的全面了解；三是获取建筑结构稳定性分析及评估的支撑数据；四是明确 2 号山洞是否对建筑存在威胁。可以总结出以下应对措施：

（1）发现隐藏地垄，获取完整建筑形态，解决问题一和问题二。

（2）发现和定位裂缝，获取以墙砌体结构体系为主体结构的布达拉宫建筑结构分析的基础支撑数据，解决问题二和问题三。

（3）定位 2 号山洞，评估其对布达拉宫建筑的危害，解决问题二和问题四。

那么，如何发现隐藏的地垄呢？通过清晰了解红山山体的轮廓，可以反推建筑的底部形态，从而获得完整的建筑形态。因此，如何推拟出被建筑占压的山体轮廓是获得完整建筑形态的关键，也是发现隐藏地垄的契机。

2015 年，北京帝测科技股份有限公司（简称帝测）作为中国文化遗产研究院的合作单位承担了布达拉宫精细测绘项目，负责通过

图3　建筑内部所有暴露的基岩（中国文化遗产研究院布达拉宫精细化测绘项目组、北京帝测科技股份有限公司绘制）

图4　通过暴露的基岩推拟的山体轮廓（中国文化遗产研究院布达拉宫精细化测绘项目组、北京帝测科技股份有限公司绘制）

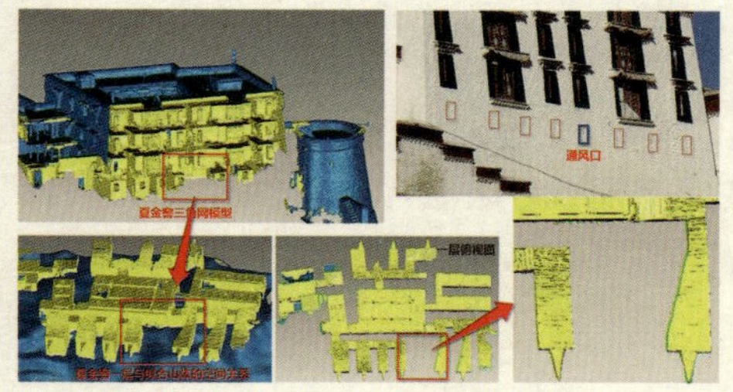

图5　精细化测绘建立三维模型后发现的夏金窖隐藏地垄（中国文化遗产研究院布达拉宫精细化测绘项目组、北京帝测科技股份有限公司绘制）

专业的测绘技术，解决布达拉宫的测绘技术难题。

我们提出的测绘成果目标是：建立布达拉宫（包括雪城、宗角禄康）、红山、药王山航摄正射影像图及外轮廓模型；获取布达拉宫及雪城所有建筑的三维模型，以及由模型生成的 AutoCAD 工程图。

除此之外，根据以上提到的布达拉宫存在的一些需要在测绘中解决的问题，我们重点强调了需要在测绘过程中完成的任务：一是标注所有建筑内部的基岩；二是标注所有墙体裂缝，并对裂缝进行更细化的目标测绘；三是获取 2 号山洞的三维模型和坐标。

针对这些要求，帝测团队提出"采用控制测量和联系测量、无人机倾斜摄影、三维激光扫描，以及多视角高清影像纹理采集等技术"的测绘方案。现场工作自 2016 年 11 月持续至 2018 年 2 月，转站 8000 多个点位，帝测自主研发内外空间导引设备，对建筑群及其周边环境进行了高精度三维信息采集和高清纹理信息采集工作，获得了 2016—2018 年布达拉宫建筑真实而准确的原始数据。

同时，帝测团队也非常认真地完成了前述三项特别任务，由此解决了长期困扰布达拉宫保护的几个关键性问题。

第一，标注所有建筑内部的基岩。

对地垄里露出的所有基岩部分进行标识（图 3），并根据三维坐标建立已知基岩的三维空间分布模型，根据这些标识的基岩碎片去推拟整个山体的轮廓。当所有测绘完成后，将推拟的山体轮廓模型与建筑模型进行套合（图 4），留白部分就可能是未被发现的地垄。

由此，通过精细化测绘过程中对片段基岩分布情况的认识，廓清红山山体轮廓，进而摸清红山山体和布达拉宫建筑之间的交界面，从而发现隐藏地垄，完整认识布达拉宫建筑形态。

通过以上方式，2019 年底，在完成了布达拉宫整体三维模型建模工作后，项目组又成功发现了 6 处疑似隐藏地垄（图 5），并将准确的位置提交给布达拉宫管理处。

第二，标注所有墙体裂缝。

墙体是布达拉宫的主体结构，其保存状态直接决定布达拉宫的结构稳定性。因此，项目组在测绘过程中首先标注墙体裂缝，并建立所有裂缝的三维分布模型；其次对裂缝进行毫米级的精细测绘，然后请专业的结构团队分析裂缝的类型，由此获得可为布达拉宫建筑结构稳定性分析和监测服务的可靠、有效的支撑数据。

第三，是获取 2 号山洞的三维模型和坐标。

经过三维激光扫描及三维坐标定位，确定了 2 号山洞与红山山体及布达拉宫建筑之间的空间关系：2 号山洞与山脊相距 45 米，距布达拉宫最近的建筑本体 95 米。结构专家根据此组精确数据分析测算，推断 2 号山洞不会对山体及建筑形成较大危害。由此解决了一直困扰布达拉宫保护的一个安全隐患。

除了常规的精细化测绘，通过上述三项工作（廓清红山山体轮廓、摸清裂缝分布情况、明确 2 号山洞与建筑之间的关系），发现了隐藏空间，获得了布达拉宫完整的建筑形态及其保存状态资料；由结构专业团队建立布达拉宫结构裂缝整体分布情况模型，为分析和测算建筑结构安全稳定性以及结构监测工作提供了有效数据；排除了 2 号山洞危害布达拉宫建筑及载体（红山山体）的可能性。

至此，基本完成布达拉宫精细化测绘的预期目标，为之后的布达拉宫文物保护、展示、管理、研究工作提供了基础数据和条件。

需要说明的是，专业测绘技术进入文物保护领域符合文物保护的客观需要，但也需要文物保护领域的专业指导，才能更好地发挥其在文物保护工作中的作用。

二、布达拉宫精细化测绘与预防性保护的关系

从 2006 年对布达拉宫实施三维激光扫描并进行精细化测绘开始，到 2015 年精细化测绘项目正式启动，项目团队并未明确测绘工作与预防性保护的关系。但在整个项目实施过程中，所有测绘要求和预期获得的测绘成果，都围绕保护这个大方向。不论是认识建筑的整体形态，还是明确裂缝分布情况，都是希望通过线索发现问题和风险，防患于未然，最终达到保护文物安全的目的。所以回头来看，布达拉宫精细化测绘及测绘目标，都与预防性保护的目标不谋而合。

说到底，不论是保护还是预防性保护，其目标是一致的，都是

为了更好地保护文物。在这个目标驱使下，我们主动去发现隐藏的地垄，否则未知地垄一旦出现问题，可能就需要进行抢救性保护；如果我们不主动去发现裂缝，并提早建立结构模型，分析裂缝形成原因，那么裂缝只要出现一点突变，后果都不堪设想。所有这些工作计划，是基于对布达拉宫文物保护工作的了解而制定的，是为了对布达拉宫建筑的安全有准确、科学的认识。客观上，这些工作符合预防性保护的核心思想。

首先，获得在某一个时间节点的原始数据，是预防性保护的一个重要工作。阶段性地以同样的方式获取数据，就可以与历史上某一时间节点的数据进行比对，发现变化，分析原因，防患于未然。

其次，建立数据管理和分析系统，不仅可以对原始数据进行管理，而且有了原始数据为基础，后期获取的数据可以累积和叠压，从而积累各阶段分析统计数据，为保护工作源源不断地提供有效的依据。

最后，通过精细化测绘建立起来的三维模型，可以作为布达拉宫综合管理平台的基础模型，在此基础上拓展、链接更多的专业系统平台，比如结构监测、世界遗产监测、电力、安防、消防、票务、办公等，还可以通过移动客户端，实现移动巡查、移动监测、移动办公等等。

这些都是预防性保护所涉及的内容，也是文物保护的最终目标。而精细化测绘及测绘成果是实现这些功能和目标的基础。通过精细化测绘，获取布达拉宫建筑的完整形态，全面了解危害布达拉宫建筑安全稳定性的病害分布情况，可为制定有针对性的文物建筑保护策略和保护措施提供科学有效的依据，将潜在的危害消灭于萌芽阶段。

三、结语

不可移动文物类型多样、环境复杂，因此，不同的文物对象所需要的测绘数据和关键节点都是不同的。

在做精细化测绘之前，工作人员对文物本身的认识越深刻，越能在测绘实施之前提出具有可操作性的具体目标和要求，不在测绘过程中丢掉可能忽视的细节数据，从而获得更理想的成果，才能为预防性文物保护提供真实有效的数据支撑。

“专业事情由专业人员去做”，只有不同的专业做好自己分内的事情，跨学科的合作才能有针对性地解决问题。在文物保护行业，无论是精细化测绘，还是预防性保护，这些手段和概念最终的目的都指向文物保护。因此，时刻记住“保护”两个字，才不会偏离文物保护这个终极目标。

布达拉宫建筑的演变与特点

多吉平措

西藏自治区布达拉宫管理处

布达拉宫坐落在海拔约 3700 米的拉萨市中心的红山南面，依山而建，东西长约 370 米，占地面积超过 37 公顷，建筑高度 117 米。如今能够看到的藏式宫堡式建筑群，以红、白两宫为其主要组成部分。具有宫殿、灵塔殿、大殿、佛殿、经殿、原西藏地方职能机构办公处、僧官学校、僧舍、庭院、回廊等诸多功能性建筑的布达拉宫在 17 世纪之后逐步形成，然而藏族历史传说中对其修建历史的描述层出不穷，按照时间顺序展开，布达拉宫建筑演变大致可分为早期历史、11—17 世纪的变迁和 17 世纪重建等不同阶段。

一、早期记载中的布达拉宫

据史书记载，吐蕃第三十二代赞普松赞干布在吉曲河谷的红山上修建了“白色寝宫”作为驻地。另有文献说，公元 633 年，尼婆罗墀尊公主进藏，公元 641 年，松赞又迎娶唐文成公主，并专门为公主修造宫殿。虽然这些说法皆有传说色彩，但是藏族传统史官始终将其作为“信史”对待。特别是西藏后弘期文献《柱间史》中，相关记载尤为清晰。[1] 史书记载，吐蕃时期布达拉宫宫殿场景壁画绘制于大昭寺墙面，五世达赖喇嘛重建布达拉宫白宫时，把该幅壁画临摹于布达拉宫白宫三排梯门廊南壁。从上述记载来看，当时宫殿规模似乎非常宏大，从壁画所表现的内容上看，宫殿建筑群规模亦不小。红山高楼、宫殿间用铁索桥连接，整个建筑群庄严雄伟，装饰华丽，周围还有层层围墙，南面有城堡，四面则有各种门楼和角楼等结构，这与《白史》中记载的“墀松赞时期的红山白色寝宫有十一层高”，基本上可以相互印证。14 世纪形成的《西藏王统记》中也有类似记载。[2]

之后的各类史料，以自圆其说的方式描述了吐蕃时期布达拉宫宫殿逐渐荒废的情景，《贤者喜宴》记载，松赞干布之孙芒松芒赞在位时，唐军抵逻娑，火烧布达拉宫。对此，更敦群培在《白史》中认为：“芒赞时期，吐蕃强盛，反而常常举兵犯唐。”唐代史料更是表明，虽然唐军与吐蕃屡次交战，但唐军未到达过吐蕃境内。《贤者喜宴》则称，墀松德赞赞普修建桑耶寺时，拉萨红山（指布达拉宫）遭雷击，因此向莲花生大师请教缘由，莲师道：“由念青唐拉击毁了布达拉宫。”该书中说，随着吐蕃王朝崩溃，墀达玛二子间争斗连年不休，加上工布、卫、藏等地出现了从没有过的平民暴乱事件，把位于山南的历代赞普陵墓盗掘分赃，还破坏了布达拉等赞普宫殿建筑遗迹，因而得出布达拉宫在吐蕃末期遭到荒废之结论。

研究布达拉宫历史源流，可以看出从分裂割据时期到 17 世纪几百年之间的漫长岁月，是整个布达拉宫源流史承上启下的关键阶段。这段历史经历了分裂割据时期，元代萨迦地方政权时期，明代帕竹、仁蚌巴以及藏巴汗等地方政权时期。其间，蔡巴、仁蚌巴、雅嘉巴等西藏地方家族势力对拉萨河谷区域的争夺异常激烈，使处在拉萨河谷中心位置的红山成为兵家必争之地。当然，这段时期内始终没有在红山上大兴土木，未能复兴吐蕃时期布达拉宫象征政权的辉煌景象，但是其作为具有纪念意义的宗教场所的概念从未改变，历代政权首领或具有影响力的高僧大德在此讲经说法，使之成为拉萨河谷一处特殊之地。《青史》记载："精通旧因明而著称的琼波扎森，在布达拉山和红山两处进行过辩经。"[3] 这是分裂割据时期有关拉萨红山为数不多的记载。其中提到的琼波扎森为噶当派高僧，其在红山辩经年代为公元 1040 年间，可见当时红山乃一处僻静的修行地。与此同时期的传奇僧人热译师多吉扎（རྭ་ལོ་རྡོ་རྗེ་གྲགས་）的传记中提到，当年热译师来到拉萨后驻锡于"布达拉"山脚。[4] 虽然该文献成书年代较晚，但不难从侧面看出，当时红山上应该并无宫殿或者类似建筑遗迹可供人员驻足歇脚之需。

到了元代西藏萨迦地方政权时期，有关布达拉宫或者拉萨红山的记载逐渐多了起来，《雅砻教法史》记载："人主皇帝之珍宝、教主国师衮噶坚赞白桑布之师阿叶（圣者），不为私利，而为众生之益，既对拉萨大昭寺进行修缮，也对观世音净土布达拉山顶修造菩提佛塔之围廊。"[5] 元代，蔡巴万户掌管拉萨河谷大片区域，当时，蔡巴噶举派高僧拉吉噶哇崩（ལྷ་རྗེ་དགེ་བ་འབུམ་）常年居住在布达拉和查拉鲁普等地。[6] 在仲钦・门朗多吉（དྲུང་ཆེན་སྨོན་ལམ་རྡོ་རྗེ་）任蔡巴万户长时期，正式对红山上的所谓布达拉建筑遗迹进行修缮，其主持修建的房屋建筑应该就是目前布达拉宫法王洞遗址部分。

法王洞位于布达拉宫红宫第六层北侧，顶上为七世达赖喇嘛灵塔殿前墙，下方为本生殿（འཁྲུངས་རབས་ལྷ་ཁང་）西侧（十一世达赖喇嘛灵塔处）屋顶部位。法王洞坐北朝南，东南长约 4.9 米，东西长约 5 米，西北长约 4.5 米，南北长约 5.6 米。基本上呈西南宽、东北窄之状。传统藏文史料《宗教源流》和《王统史》将其称作吐蕃时期建筑遗迹，距今有 1300 多年历史。

17 世纪，法王洞被正式称作法王驻足过的地方，“法王洞为赞普曾亲自开光之地”[7] 等记载应该是我们能够查到关于“法王洞”这一确切称谓的史料依据。据此推断，17 世纪重修布达拉宫（白宫）之前，人们认为拉萨红山上确实存在所谓吐蕃建筑遗迹，即法王洞。五世达赖喇嘛重修布达拉宫白宫之时，此处未作大改。过了半个世纪后的 1690 年，第司·桑杰嘉措主持扩建布达拉宫红宫部分，第司出于整体布局的考虑，虽然倾向于拆除旧址，即所谓早已存在于红山上的法王洞和观音殿遗址，但为了更好地保留具有殊胜性的古代遗迹，他选择了更为稳妥的处理方式，这一点亦在史书中有所体现：“在五世达赖喇嘛法体和本尊吉祥天母像前卜卦两次，皆得出‘不拆为好’。”[8] 遂遵循了传统神卦之结果，但也为布达拉宫整体改、扩建留下较大难题。比如“虽然未能满足最大空间的建筑需求，但为了迎合全局，保留了北面的基础部位”[9]，因为后来对布达拉宫的修缮，尤其是改、扩建的频繁程度是前人无法想象的。也从那时起，该殿被正式称作法王洞，1685 年编纂的《布达拉宫法王殿志书》等档案类文献以及上述提到的《五世灵塔殿志》等权威史料中均称其为“曲杰拉康”，即法王殿或法王洞。

公元 14 世纪，拉萨红山之宗教场所的功能突然得到了前所未有的加强，在短短几年之内，陆续开始在此建塔、雕塑佛像，与几乎处于长期真空状态的“吐蕃遗迹”在时空上得到有序衔接。14 世纪前叶，红山上开始出现修造佛教建筑行为，这就是修建法王洞的历史事实，史料中称：“玛布日，松赞干布之宫殿，唐武则天举兵烧毁之余，修赞普殿、三面围墙及护墙顶上的金顶。”[10] 这一年应为藏历木猪年，即公元 1335 年，由蔡巴万户长门朗多吉对大昭寺进行长时间的供养和大面积修缮活动，同时在拉萨红山山顶上也修建佛像和佛庙等依与所依。这一珍贵记载后来很少被人提起，就连五世达赖喇嘛和第司·桑杰嘉措也似乎故意绕开不谈。可以看出，14 世纪，红山上的吐蕃赞普宫殿只剩下烧毁殆尽的遗迹。这一段记载具有非常重要的参考价值，仔细查看当时其他史料后，其准确性也可以得到补证，如 1376 年编纂的《雅砻教法史》中记载了同样的事件，其中称：“人主皇帝之珍宝、教主国师衮噶坚赞白桑布（ཏཱ་ཧྲི་ཀུན་དགའ་རྒྱལ་མཚན་དཔལ་བཟང་པོ་）之师阿叶（ཨ་ཡས་）即圣者，不为私利，为众生之福益，不仅对拉萨大昭寺进行修缮，尤其对观世音净土布达拉山顶修造身之主供大菩提（像）及其围廊。”[11]

法王洞内文物遗迹相对丰富，主要塑像群分别为松赞干布、墀尊公主、文成公主、贡日贡赞、禄东赞及吞米·桑布扎等，塑像群通常被认为是吐蕃时期遗留物。

14 世纪的珍贵史料《仲钦·门朗多吉传》中对布达拉宫法王洞造像的记载，使得与其相关的问题基本都可以迎刃而解。据载："塑造了赞普、王子、二妃子以及二大臣的塑像。"[12] 洞内除了上述提到的造像外，东面及南面还留有较大面积的珍贵壁画遗迹，其中东面墙壁画面积达 3.93 米 ×2.58 米，南面墙壁画面积约达 1.8 米 ×1.9 米。东面局部的两幅壁画照片曾刊登于布达拉宫的相关图书[13]，且做过简单断代分析，被世人所熟知。仔细观察发现法王洞东面墙上能够看清的人物达十几组，加上南墙面几组本尊或护法画像，这间极小的殿堂仍然保留了大量的壁画信息。

有关法王洞壁画内容，据《仲钦·门朗多吉传》记载："墙上绘了从众敬王到罗睺罗王子间的传承图；从聂赤赞普到热巴坚之间的吐蕃历代赞普、妃子、众臣及千佛像等壁画。"[14] 东面所保留下来的壁画应该反映了上述传记中提到的从聂赤赞普到热巴坚之间吐蕃历代赞普、妃子及众臣像。除了该传记外，《雅砻教法史》中也对法王洞壁画有较为清晰的记载："在（布达拉）回廊壁上，对教法之源流，尤其是法王敬王之嫡如法延续、霍尔（ཧོར་）及藏地诸法王如何行兴法之事等为了能够代代相传之事，绘制于墙壁四周。"[15] 总之，从现存壁画遗迹和藏文史料来看，布达拉宫法王洞内的壁画以及造像群皆为 14 世纪仿吐蕃古风的艺术作品。

到了 15 世纪，宗喀巴也在拉萨红山上留下过活动轨迹，公元 1399 年，"秋季，（宗喀巴）前往吉雪（སྐྱིད་ཤོད་）地方并驻锡于布达拉，为来自桑普、德瓦坚、贡唐、噶哇东、觉木隆和绥布等寺院的僧众大授《中观光明论》《摄论》以及《菩提道次第》等经典"[16]。宗喀巴在红山上讲经说法时，其他教派高僧也在此留下过活动轨迹。[17] 如第五世噶玛巴·德银协巴也曾在布达拉宫进行过修行，其间由吉雪、潘波二地之主第巴·奈吾(སྡེ་པ་སྣེའུ་)供拉萨布达拉而驻锡，聚集无数雪域众生，噶玛巴讲授了释尊及观世音法门。此时期，迎来了三次皇帝使团，其中一次的使团携带四周刻有五种或七种龙爪纹、底部有皇帝名讳四个汉字之珍贵瓷器及其配套囊匣。每人左右手各捧一只碗，供奉人员绕拉萨城，一直到布达拉之宝座前。[18] 可见，当时布达拉宫作为具有影响力的宗教人物驻锡之地。到了明代晚期的西藏地方藏巴汗政权时期，即 1497 年，仁蚌巴家族大军挥师拉萨，彻底打败了帕竹地方政权及其下属奈吾巴等地方残余势力。是年，第七世噶玛巴·曲扎嘉措来到拉萨，供奉大昭寺，主持开光和加持了拉萨红山“布达拉新殿”（པོ་ཏ་ལའི་ཁང་གསར་）。[19] 从 15 世纪中叶开始，仁蚌巴意欲在拉萨红山处修建殿宇来提高其在前藏地区的影响力，到了 15 世纪末期，这一想法似乎得到了具体实施，从《贤者喜宴》的记载能够看出此时噶举派与仁蚌巴家族联合在拉萨红山山顶上修建了建筑物的事实。

16 世纪中叶，格鲁派政教势力逐渐得到扩张，三世达赖喇嘛索南嘉措时期，格鲁派恢复了当年在拉萨河谷地区的影响力。特别是格鲁派高僧东嘎·仓央珠扎（ངང་དཀར་ཚངས་དབྱངས་འབྲུག་གྲགས་）和第二十五任甘丹寺赤巴杰康孜巴·边觉嘉措（རྣལ་ཁང་རྩེ་པ་དཔལ་འབྱོར་རྒྱ་མཚོ་）等人开始努力在拉萨红山等地修建专属格鲁派的修行之地。据记载：“‘布达拉’作为历代法王利众之殊胜之地，与‘布怛洛迦’无异，特别是索南嘉措命吉雪第巴·扎西热登（སྐྱིད་ཤོད་སྡེ་པ་བཀྲ་ཤིས་རབ་བརྟན་），在此创建修行僧团（སྒྲུབ་སྡེ་），能造福终生，特别是对格鲁派及众施主有利。”[20] 这是杰康孜巴·边觉嘉措对吉雪第巴·玉杰诺布（སྐྱིད་ཤོད་སྡེ་པ་གཡུལ་རྒྱལ་ནོར་བུ་）所道之言。三世达赖喇嘛索南嘉措时期，杰康孜巴·边觉嘉措就对上一任吉雪第巴有过让其在拉萨红山上创建僧团的交代，但一直未能如愿。因此到了 1598 年，已卸任甘丹法台的杰康孜巴·边觉嘉措继续让时任吉雪第巴“主持修建创办修行僧团，并修缮‘布达拉庙殿’（པོ་ཏ་ལའི་ཆོས་ཁང་）”[21]。这里“布达拉庙殿”所指的应该是 14 世纪蔡巴万户主持修造的法王洞等建筑。吉雪第巴也沿袭着 14 世纪的习俗，在大昭寺修造了铜质等身法王像、释迦牟尼与法王堆绣唐卡、新刻《甘珠尔》及《宗喀巴文集》等。[22] 特别是在布达拉山上创建修行僧团之事，甘丹法台对吉雪第巴以佛教的本生观念加以解释，使这一事情变得更加具有说服力。[23] 相关材料表明，到 16 世纪末期，拉萨红山已经有了较为完备的佛教僧团和相当规模的建筑遗迹。16 世纪，各个割据势力争夺拉萨河谷统治权时，把夺取布达拉作为重要战略目标，证明了布达拉地理位置的重要性。17 世纪前叶，发迹于拉萨河流域的吉雪家族统治走向衰落，为了扭转被动局面，吉雪第巴·索朗坚赞（俗称阿白者）把布达拉主供佛像圣观音像（ཇོ་བོ་ལོ་ཀེ་ཤྭ་ར་）赠给青海蒙古土默特斯钦台吉。

17 世纪初，拉萨红山基本确定为藏地观音净土普陀洛迦山（即“布达拉”），并且各派持续在此留下活动痕迹，特别是达隆噶举派的法主阿旺朗杰于1605年在红山山顶上主持修建“布达拉黎玛拉康”（ལི་མ་ལྷ་ཁང་）（供奉合金造像之殿）。[24] 这是在17世纪中叶重修布达拉宫之前，能找到的有关布达拉宫建筑演变的又一重要证据。布达拉宫重修之前，就已经修建过黎玛拉康，因此在五世达赖喇嘛的相关文献中，经常能够看到“旧黎玛拉康”（ལི་མ་ལྷ་ཁང་རྙིང་པ།）的说法，而17世纪晚期修建红宫设计图纸上，红宫四层北面观音殿前侧就是“原黎玛拉康”（ལི་མ་ལྷ་ཁང་རྙིང་པ་）的位置，这一佛殿大约于1805年前后被改造成八世达赖喇嘛灵塔殿，把内供佛像（即合金佛像）统一供置在红宫三层的“黎玛拉康”内，其旧址也就不复存在。据此，布达拉宫重建之前，拉萨红山上就有14世纪修建的法王洞和17世纪初修建的黎玛拉康等零星的房屋结构是可以确定的，因此，17世纪上半叶经常在文献中出现的拉萨红山或布达拉山上的“红庙”（མཆོད་ཁང་དམར་པོ་）应该是这些房屋的总称。

1606年前后，藏巴汗和第巴·雅嘉巴（ཡར་རྒྱབ་）势力联合在红山之上修造小型宫殿，取名平措热丹宫，并邀噶玛噶举派红帽系教主夏玛巴·曲吉旺久主持开光宗堡竣工典礼。这是有关布达拉宫建筑演变史研究的又一重要史料。还有达隆夏仲·阿旺朗杰于“铁阳虎年藏历五月，为援助第巴吉雪巴率达隆部众前往拉萨，居住于布达拉”[25]。由此可以看出，各个历史时期的西藏地方当权者或具有影响力的高僧大德都把拉萨红山或者布达拉山视作一处神圣之地。

总之，在公元9世纪至17世纪中叶的共800年左右的漫长时间里，由于西藏地方政治中心不断变动，萨迦、帕竹、藏巴汗等地方政权都未曾设首府于拉萨，布达拉宫也一直未能重兴，经过数百年的风云变化，拉萨红山上只遗存有“法王洞”“观音殿”和“白房子”三处属于吐蕃时期的建筑物。[26] 据《五世达赖喇嘛灵塔殿志》记载，“法王洞由松赞干布亲自开光”，因此该处是在五世达赖喇嘛重修布达拉宫以前就存在的。而“观音殿”也是重建之前就存在于红山上，这一点也从上述提到的壁画内容和约翰·古尔贝所画的红山图上可以得到印证。[27] 而“白房子”又称修行洞，被认为是松赞干布在红山上的行宫，每年对布达拉宫外墙粉刷白灰时，就是从“白房子”开始，意在纪念当年松赞干布居住过的殊胜地。此三地属于吐蕃时期的遗迹，从信仰角度出发，具有殊胜之意。因此始终被历代高僧大德和檀越们当作殊胜地而举行各种宗教仪轨或者讲经传法等，开展一系列佛事活动。

二、布达拉宫的重建

1645 年，以林麦·夏仲为首的格鲁派僧俗官员提议，眼下必须建立一座象征集权或统一的宗堡类宫殿，这对刚刚建立的甘丹颇章地方政权意义重大，大家一致同意在拉萨红山上重建宫殿。经过三年工期，公元 1648 年，布达拉宫白宫工事全部完工，白宫样制基本上遵循了明代西藏地方流行的各大宗堡建筑样式。从 17 世纪前叶在卫藏地区修建的大型建筑物实例来看，从帕竹政权时期开始的宗堡建筑传统在这一时期依然得到延续，并且有了进一步发展，这为布达拉宫（白宫）建筑样式来源提供了相对完整的标本。

白宫开始修建的 46 年之后，即公元 1691 年，由第司·桑杰嘉措开始重建布达拉宫红宫和其他部分建筑。修建过程中，本想拆除吐蕃时期遗迹，即法王洞和圣观音殿，以红山顶部为核心修造红宫，但法王洞被认为是松赞干布亲自修行过的殊胜之地，而圣观音殿也是漫长岁月里保存下来的古代遗迹，并且五世达赖喇嘛本人也曾在此进行禅修。因此，在保留上述两处遗迹基础上，拆除部分原有建筑后开始了维修扩建。工期是从 1691 年藏历一月十一日开始，到 1693 年藏历四月二十日结束，历经两年四个月时间，完成了红宫外围重建工作。

重建工程以五世达赖喇嘛灵塔殿为中心，周围修建了“朗仁拉康”（菩提次第殿）、“仁增拉康”（持明殿）、“冲饶拉康”（观音本生殿），在此之上有“喇嘛拉康”（上师殿）、“嘉那拉康”（汉地殿）、“黎玛拉康”（合金殿）和“堆阔拉康”（时轮金刚坛城殿）等佛堂。周围又修造了整日日照充足、光亮明净的寝殿“噶当其”（噶当盘旋殿）、盖有蒙式金顶的寝殿“沃擦其”（奇妙盘旋殿）、宁静温暖的寝殿“德庆伟色”（大安光明殿）以及“贡桑杰出康”（普贤追随殿）、“萨松色诺”（震慑三界殿）、“堆古白吉”（如意聚宝殿）、“诺杰班觉”（增禄足富殿）、“德丹其”（具安盘旋殿）、“平措德乐”（圆满安康殿）、“扎西贵巴”（饰吉祥殿）、“平措贵巴”（饰圆满殿）和“萨松南杰”（胜三界殿）等寝殿。加上前、后山道，东西庭院圆满汇集道门、解脱道门和安乐大日门等三大聚柱门庭，上、下“旺久”殿，上、下“迈琼贵巴”（饰奇妙殿），供灯殿，密宗欢乐院，“边觉康”，以及静猛供奉给殿等上百间房屋，藏历四月二十一日，举行隆重竣工典礼，并在布达拉宫脚下立无字碑。

明末修建的达旦平措林寺山顶哲蚌殿（འབྲས་སྤུངས་ལྷ་ཁང་），俗称“确康孜”（མཆོད་ཁང་རྩེ་），在多罗那他圆寂后成为其灵塔殿，被称作“世间庄严灵塔殿”（སྣ་གདུང་འཛམ་གླིང་མཛེས་རྒྱན་）。1642 年，由于地方政权更迭和教派争斗等多种原因，该殿遭到巨大破坏，17 世纪下半叶，第司·桑杰嘉措等人主持修缮修造相关内供。按照文献资料，此殿当时也是多罗那他生前主要寝殿，修建于巍峨的山尖，建筑设计和执行难度巨大，以大殿为中心，被多间小型房屋簇拥而成，其中“寝殿温嘎孜”（གཟིམ་ཚུང་ས་གསུང་མདོན་དགའ་）更是多罗那他常驻之地。[28] 这些在多罗那他传记中有不少篇幅提及，而早年生活于此的宗孜·强巴图登（རྫོང་རྩེ་བྱམས་པ་ཐུབ་བསྟན་）根据文献资料，加上实地考察，对这一方面进行过深入的研究工作。从上述记载看，由于特殊历史原因，平措林寺对布达拉宫建筑的影响是不言而喻的，第司·桑杰嘉措修缮了平措林寺，之后修建布达拉宫红宫时，应该借鉴了平措林寺山顶殿结构和功能，比如红宫灵塔殿和寝宫结构、功能和名称等，17 世纪晚期形成的布达拉宫红宫部分无疑是平措林寺山顶殿的放大版。

除了平措林寺之外，藏巴汗的主要宫殿桑珠孜宗堡的建筑外形结构对布达拉宫白宫修建也产生了直接影响——在整体建筑选址、规模和功能上，桑珠孜宗堡更加贴近布达拉宫白宫样式。桑珠孜宗堡与布达拉宫一样位于山崖之上，山崖四方托起建筑本身，“宗堡犹如堆砌珍宝般大山，四方被犹如六座狮子般山头托起”[29]。与山体合为一体，这点与布达拉宫建筑如出一辙，应该说是布达拉宫建筑灵感的主要来源。布达拉宫白宫建筑形制基本上围绕着中央大殿而修筑，大殿坐北朝南，“有立柱四十四根，其西侧二、三库房各有立柱二十八根和三十五根”[30]，面积巨大，成为整个建筑核心区域，其他建筑围绕大殿而层层筑起，外部呈方形，内部回廊式建筑模式有围墙、四大角堡（ཕྱོགས་བཞི་）和大门等结构，厚厚的城墙围绕于四周，有四大门和角堡等具体样式。随着历史变迁，布达拉宫白宫也有过多次修缮和改、扩建，现在能够看到的白宫部分也是在 17 世纪布达拉宫白宫建筑基础上逐渐形成的结果。

自 17 世纪以来重建的布达拉宫不单单是一座宫殿，更不仅仅是单一的宗教场所，而是象征地方政教合一的复合型建筑群，以通高十几层的主楼为中心，由可为政教合一体制利用的大殿、达赖喇嘛和摄政等人的私人寝宫、日常行政机构办公地、专门的宗教场所、各种用途的库房和其他功能的房屋，以及东西庭院、四大角楼、外墙及其他附属建筑等组成。之后又陆续建造了七世、八世和九世达赖喇嘛灵塔殿等建筑，使得布达拉宫建筑结构得到了不断融合、扩建和修缮。其中，七世达赖喇嘛圆寂后，1758 年在红宫顶层西北角、圣观音殿西侧改变了原建筑布局，修建其灵塔殿。灵塔殿通高超过 4 米，因此在原来的红宫外墙又加高一层，加上屋顶，加盖了金顶，形成七世达赖喇嘛灵塔殿，这些历史从《七世达赖喇嘛灵塔志》和相关壁画中可以窥之一二。1804 年，八世达赖喇嘛圆寂，次年又在红宫顶层北面、圣观音殿东侧拆除原来建筑结构修建了其灵塔殿，也在原有的建筑上加盖一层，并加封金顶形成八世达赖喇嘛灵塔殿。而一旁用于历代达赖喇嘛修行、禅定之所的圣观音殿的原来高度无法与左右两间灵塔殿达到齐整，因此，又在圣观音殿上加盖一层，以此达到红宫北面房屋高度平整之目的，这一点从建筑的修缮痕迹可见一斑。

1815 年，早逝的九世达赖喇嘛的灵塔殿选址最终确定在八世达赖喇嘛灵塔殿东侧，虽然该灵塔远没有前面两座高大，但是为了使整个红宫北面的建筑高度趋于一致，也在此基础上加一层，封上金顶，形成了金碧辉煌的布达拉宫金顶群，使得红宫北面建筑高度比东、南两面略高一层。而红宫顶层西面高度也随着七世达赖喇嘛灵塔殿的重建而发生了变化。1837 年，十世达赖喇嘛早逝，其灵塔殿最初修建于七世达赖喇嘛灵塔殿南侧，与五世殿和七世殿形成一体。但是考虑到西面墙体及其通天柱[31]的承受能力，把十世灵塔搬至底层的五世殿左侧，并把原来的十世殿改成上师殿，灵塔二层朝门改成了本尊殿。这一点除了可靠的史料外，通过红宫四层西面上师殿回廊的十世达赖喇嘛像壁画和殿顶上的六角金顶等遗迹也可以得到佐证。后来修建的两位达赖喇嘛的灵塔殿，即十一世、十二世达赖喇嘛的灵塔殿均未大兴土木。到了十三世达赖喇嘛执政时期，对布达拉宫东面白宫、德阳厦东侧、红宫西侧僧舍群，以及山脚下雪城等处进行大修大建。1933 年，十三世达赖喇嘛圆寂之后，1934 年起在红宫西边即原僧舍一部分建造了通高四层的灵塔殿。从外部可见，该灵塔殿在布达拉宫建筑群中显得拔地而起、雄伟至极，与红宫建筑整体相得益彰。至此，从公元 17 世纪中叶开始的布达拉宫重、扩建工程全部完成，今天能见到的布达拉宫整体建筑，就是在那时候终成规模，尘埃落定。

三、布达拉宫建筑的特点

布达拉宫的扩建和修缮工程都经过精密的设计，在精细化的管理和精准的施工下完成，使得在本身狭窄而陡峭的山顶形成了后人无法想象的巍峨与壮观之景以及浑然一体的艺术视觉效果，表现出了藏族建筑匠人异常的想象力和高超技艺，成为藏族古代建筑的杰出代表。布达拉宫依红山山势修建，利用了藏族传统建筑工艺高超的技艺，具备了藏族优秀建筑物的综合特点。

布达拉宫建筑修筑方式中对地垄结构的利用是最为重要的一项，地垄最直接的功能就是让建筑地基直接与天然的岩石层接触，以此来避免地表沉陷的可能。布达拉宫选址以红山山腰为基础，因此让建筑地基接触自然岩石并非难事，但是自然岩石凹凸程度不同，因此在修筑地垄时，某些区域地垄结构可能达到很多层次，而某些部分地面直接在岩石层上砌筑，无须利用地垄，比如红宫中央部位的北部就是典型。因此，布达拉宫的地基犹如缠绕在红山岩石上的条条经络，从不同的方向、以不同的形状依附在岩石上，地基结构变得相对坚固。地垄结构使得建筑地基与红山的岩崖严丝合缝，加上绝大部分建筑由巨大的天然石块堆砌而成，墙体最宽处达到5米，使整座宫殿变得坚不可摧。布达拉宫整个墙体从低到高利用了藏族传统建筑特有的收缩结构理念，不仅美观上层次分明、循序渐进，更重要的是越往高处就越能避开建筑物本身重叠下的直线冲击所致之压力，符合建筑对减重的要求。

布达拉宫地面由藏族传统建筑当中最具代表性的“阿嘎土”夯打而成，不仅能使地面保持光滑亮丽，长久固定，在木材等其他成分出现腐蚀等情况下，“阿嘎土”还能独立保障墙体与地（屋）面的完整性。同时，作为特别的天然原料，夯打过的“阿嘎土”虽坚硬，但也有其柔韧性，使得其与土木石结构形成呼应，整体结构在光照、气温等因素作用下可以达到建筑自身所需的收缩等，有自然压力排解和缓冲等功能。

布达拉宫顶上许多非承重墙体特意利用非常轻薄的“牛粪砖”这一特殊材质砌成，它不仅能够减轻高达几十米的墙体本身的重量，更使得在需要临时改造和修缮局部布局之时，无须改动承重墙体，便可以自如地改造局部。而藏式建筑遵循坐北朝南自然朝向的特征，则能够最大限度地吸收和利用自然空间优势，南面利用无数可以最大限度吸收日光的联排窗格来达到采光的目的，这些门窗以极为对称的方式避免或者解决了建筑群可能存在的视觉效果复杂而凌乱的问题。

布达拉宫作为大型建筑群，由各种单元式的建筑或单独结构堆积而成，具体的堆积、衔接和拼接方式极为讲究，利用红山基础山崖的走势和拉萨河谷太阳走向，坐北朝南成为每个单元建筑呈现的基本方式，南面结构层次丰富，错落有致，北面高耸的大墙和东西两侧犹如双翼，守护着南面最核心的区域，正南方的红宫显得巍峨雄壮。每个建筑单元的独立减轻了看似堆积和叠压几十层的建筑高度所带来的建筑压力，特别是在修缮和改建中无须动用整体墙面，而是可以以独立单元的方式进行拆解，完成局部的修缮活动。

布达拉宫内的各类木构件则被光彩夺目的传统彩绘和各种雕刻所装饰，四周墙面绘制了各个时间段内藏族诸绘画流派优秀画师的绝世精品，墙面的最高层由柳墙材质砌成，加之鎏金的祥麟法轮、十自在像及各种石刻雕塑装点，顶上被鎏金的闪闪的金顶、胜利幢、宝伞及屋脊宝瓶等不同形状的装饰物簇拥，它们不仅是装饰之物，对避开雷、电等自然灾害也起到实质性的作用。除了主体建筑外，布达拉宫四周还有四个大门，并与高大而厚实的外墙相互连接，又与四大角楼所产生的四个圆堡、庭院和其他附属建筑组成了庞大的综合型建筑群，表现出了藏族杰出的建筑工艺模式，成为中华文化艺术宝库中光辉灿烂的文化遗迹。

总之，布达拉宫建筑集藏式建筑的优秀设计原理于一体，利用自然空间观念，精准把握几何学中的平面、对比、对称等关系，几乎完美处理了美学中的韵律、和谐和统一等构图规律，使得整个建筑形成一种超脱现实的存在。

注：

1. 参见ཇོ་བོ་ཡ་དེ་ཞེས་བཏེར་ནས་བཏོན་པ། སྔོན་ལས་རྒྱ་མཚོ་ཀུ་མི་རིགས་དཔེ་སྐྲུན་ཁང་། སྤྱི་ལོ1989 ལ་144 ནས་146。

2. 参见ས་སྐྱ་བསོད་ནམས་རྒྱལ་མཚན། རྒྱལ་རབས་གསལ་བའི་མེ་ལོང་། མི་རིགས་དཔེ་སྐྲུན་ཁང་། སྤྱི་ལོ1993 ལ་19。

3. འགོས་ལོ་གཞོན་ནུ་དཔལ། དེབ་ཐེར་སྔོན་པོ། ཞི་ཁྲིན་མི་རིགས་དཔེ་སྐྲུན་ཁང་། སྤྱི་ལོ1984 ལ་123

4. 参见 དུ་ཡེ་ཤེས་སེང་གེ། དུ་ཡེའི་རྣམ་ཐར། མཚོ་སྔོན་མི་རིགས་དཔེ་སྐྲུན་ཁང་། སྤྱི་ལོ2012 ལ་248。

5. ཤཱཀྱ་རིན་ཆེན་སྡེ། ཡར་ལུང་ཇོ་བོའི་ཆོས་འབྱུང་། བོད་ལྗོངས་མི་དམངས་དཔེ་སྐྲུན་ཁང་། སྤྱི་ལོ2012 ལ་164

6. 参见多吉平措：《空间与历史：布达拉宫沿革史论》，社会科学文献出版社 2022 年版，第 4 页。

7. སྡེ་སྲིད་སངས་རྒྱས་རྒྱ་མཚོ། མཆོད་སྡོང་འཛམ་གླིང་རྒྱན་གཅིག་རྟེན་གཙུག་ལག་ཁང་དང་བཅས་པའི་དཀར་ཆག་ཐར་གླིང་རྒྱ་མཚོར་བགྲོད་པའི་གྲུ་གཟིངས་བྱིན་རླབས་ཀྱི་བང་མཛོད། ཤིང་པར། ལ་217

8. སྡེ་སྲིད་སངས་རྒྱས་རྒྱ་མཚོ། མཆོད་སྡོང་འཛམ་གླིང་རྒྱན་གཅིག་རྟེན་གཙུག་ལག་ཁང་དང་བཅས་པའི་དཀར་ཆག་ཐར་གླིང་རྒྱ་མཚོར་བགྲོད་པའི་གྲུ་གཟིངས་བྱིན་རླབས་ཀྱི་བང་མཛོད། ཤིང་པར། ལ་217

9. སྡེ་སྲིད་སངས་རྒྱས་རྒྱ་མཚོ། མཆོད་སྡོང་འཛམ་གླིང་རྒྱན་གཅིག་རྟེན་གཙུག་ལག་ཁང་དང་བཅས་པའི་དཀར་ཆག་ཐར་གླིང་རྒྱ་མཚོར་བགྲོད་པའི་གྲུ་གཟིངས་བྱིན་རླབས་ཀྱི་བང་མཛོད། ཤིང་པར། ལ་217

10. ཚལ་པ་ཀུན་དགའ་རྡོ་རྗེ། དཔལ་ལྡན་བླ་མ་དགེ་སློང་ཆེན་པོ་ཞེས་པ་ཚལ་པ་དྲུང་ཆེན་སྨོན་ལམ་པའི་རྣམ་ཐར་བཞུགས་སོ། ཁྲིས་མ། ལ་18-19

11. ཤཱཀྱ་རིན་ཆེན་སྡེ། ཡར་ལུང་ཇོ་བོའི་ཆོས་འབྱུང་། བོད་ལྗོངས་མི་དམངས་དཔེ་སྐྲུན་ཁང་། སྤྱི་ལོ2012 ལ་164

12. ཚལ་པ་ཀུན་དགའ་རྡོ་རྗེ། དཔལ་ལྡན་བླ་མ་དགེ་སློང་ཆེན་པོ་ཞེས་པ་ཚལ་པ་དྲུང་ཆེན་སྨོན་ལམ་པའི་རྣམ་ཐར་བཞུགས་སོ། ཁྲིས་མ། ལ18-19

13. 索南航旦：《世界文化遗产—布达拉宫》，中国藏学出版社 2016 年版，第 122—123 页。

14. ཚལ་པ་ཀུན་དགའ་རྡོ་རྗེ། དཔལ་ལྡན་བླ་མ་དགེ་སློང་ཆེན་པོ་ཞེས་པ་ཚལ་པ་དྲུང་ཆེན་སྨོན་ལམ་པའི་རྣམ་ཐར་བཞུགས་སོ། ཁྲིས་མ། ལ19

15. ཤཱཀྱ་རིན་ཆེན་སྡེ། ཡར་ལུང་ཇོ་བོའི་ཆོས་འབྱུང་། བོད་ལྗོངས་མི་དམངས་དཔེ་སྐྲུན་ཁང་། སྤྱི་ལོ2012 ལ་164ནས་165

16. རྒྱལ་དབང་ཆོས་རྗེ་བློ་བཟང་འཕྲིན་ལས་རྣམ་རྒྱལ། འདམ་མགོན་ཆོས་ཀྱི་རྒྱལ་པོ་ཙོང་ཁ་པ་ཆེན་པོའི་རྣམ་ཐར། བོད་ལྗོངས་མི་དམངས་དཔེ་སྐྲུན་ཁང་། སྤྱི་ལོ2013 ལ་174

17. པཎ་ཆེན་བསོད་ནམས་གྲགས་པ། བཀའ་གདམས་གསར་རྙིང་གི་ཆོས་འབྱུང་ཡིད་ཀྱི་མཛེས་རྒྱན། བོད་ལྗོངས་མི་དམངས་དཔེ་སྐྲུན་ཁང་། སྤྱི་ལོ2013 ལ་72

18. 参见 གནྣ་ཆེ་དབང་ཀུན་ཁྱབ་གནྣ་གམ་ཚང་གི་བརྩམ་པ་རིན་པོ་ཆེའི་རྣམ་ཐར། ། སྟོད་ཀ། ཡུལ་ནང་མི་རིགས་དཔེ་སྐྲུན་ཁང་། སྤྱི་ལོ1998 ལ་ 552ནས55。

19. དཔའ་བོ་གཙུག་ལག་ཕྲེང་བ། ཆོས་འབྱུང་མཁས་པའི་དགའ་སྟོན། མི་རིགས་དཔེ་སྐྲུན་ཁང་། སྤྱི་ལོ2006 ལ་581ནས་582

20.ཚེ་རིང་མགོན་པོ་སོགས། དཀའ་ལྡན་ཁྲི་ཆེན་རིམ་བྱོན་གྱི་རྣམ་ཐར། སྟོད་ཆ། བོད་ལྗོངས་མི་དམངས་དཔེ་སྐྲུན་ཁང་། སྤྱི་ལོ2020 ཤ་87

21. 参见ཚེ་རིང་མགོན་པོ་སོགས། དཀའ་ལྡན་ཁྲི་ཆེན་རིམ་བྱོན་གྱི་རྣམ་ཐར། སྟོད་ཆ། བོད་ལྗོངས་མི་དམངས་དཔེ་སྐྲུན་ཁང་། སྤྱི་ལོ2020 ཤ་88。

22. 参见ཚེ་རིང་མགོན་པོ་སོགས། དཀའ་ལྡན་ཁྲི་ཆེན་རིམ་བྱོན་གྱི་རྣམ་ཐར། སྟོད་ཆ། བོད་ལྗོངས་མི་དམངས་དཔེ་སྐྲུན་ཁང་། སྤྱི་ལོ2020 ཤ་88。

23. 参见ཚེ་རིང་མགོན་པོ་སོགས། དཀའ་ལྡན་ཁྲི་ཆེན་རིམ་བྱོན་གྱི་རྣམ་ཐར། སྟོད་ཆ། བོད་ལྗོངས་མི་དམངས་དཔེ་སྐྲུན་ཁང་། སྤྱི་ལོ2020 ཤ་89。

24. སྟག་ལུང་ཞབས་དྲུང་ངག་དབང་རྣམ་རྒྱལ། སྟག་ལུང་ཆོས་འབྱུང་། བོད་ལྗོངས་བོད་ཡིག་དཔེ་རྙིང་དཔེ་སྐྲུན་ཁང་། སྤྱི་ལོ2013 ཤ་532

25.སྟག་ལུང་ཞབས་དྲུང་ངག་དབང་རྣམ་རྒྱལ། དགེ་སློང་ངག་དབང་རྣམ་རྒྱལ་རང་ཉིད་ཀྱི་ལོ་རྒྱུས་ཡུག་པར་བརྗོད་པ་སྐལ་བཟང་ཡིད་ཀྱི་ཤིང་རྟ། ཤིང་པར། ཤ་34

26. 上面提到的“白色寝宫”，也有说法是一处当年赤松赞居住过的小屋，应该位于现今布达拉宫德阳厦广场与僧院之间的地垄处，17 世纪新修红宫时可能遭到了损害，如今涂刷白灰等民俗、宗教活动由此处开始，以此表示一种遵循。

27.《白史》记载：“17 世纪扩建的布达拉宫的原型在约翰・古尔贝到达拉萨后，按照亲眼所见的布达拉宫画了下来，画中的山顶房屋和外墙等清晰可见。”

28. 参见 རྡོ་རྗེ་ཕུན་ཚོགས་ཀྱིས་སྒྲིག། དཀའ་ལྡན་ཕུན་ཚོགས་གླིང་གི་འབྱུང་བ་ཞེས་བྱ་བ་བཞུགས་སོ།། བོད་ལྗོངས་མི་དམངས་དཔེ་སྐྲུན་ཁང་། སྤྱི་ལོ2016 ཤ་32ནས་33。

29. དགེ་སྐྱོང་རྒན་པོ་སངས་རྒྱས་རྡོ་རྗེ་སོགས། གཙང་སྟོད་རྒྱལ་པོའི་རྣམ་ཐར་དང་རྒྱལ་རབས་བཞུགས་སོ། །བོད་ལྗོངས་བོད་ཡིག་དཔེ་རྙིང་དཔེ་སྐྲུན་ཁང་། སྤྱི་ལོ2011 ཤ་29

30. 姜怀英、噶苏・彭措朗杰、王明星：《西藏布达拉宫修缮工程报告》，文物出版社 1994 年版，第 30 页。

31. 这里的通天柱是指五世殿内的四大巨柱，从五世殿拔地而起，直到红宫西面的顶层。通高四层的五世殿及其之上的本尊殿（原十世达赖喇嘛灵塔殿）都由四大巨柱承受，堪称建筑奇迹。

论藏族器物纹样的外来因素

——以布达拉宫馆藏西番莲纹的文化特征为例

边巴琼达

西藏自治区布达拉宫管理处

纹样是装饰花纹的总称，又称花纹、花样，泛称纹饰或图案。西番莲纹是中国古代传统图案，起初作为装饰纹样流行于伊斯兰文化，后来以西方工艺品、织物等形式随中国与周边贸易和文化的往来而传入，又成为从中原流传到高原地区的一种外来装饰图案，属中西文化融合与创新的产物，寓意吉祥。在高原，见有西宁古城台出土了一件长 42 厘米、径 12.6 厘米的唐代八瓣莲花瓦当，形似西番莲，但缺乏研究支撑。在西藏众多的历史文物中，西番莲纹多见于元明清三朝中央赏赐和民间贸易往来传入的大量丝织品、瓷器、玉器、珐琅器等各类中原历史文物，以及西藏寺庙壁画、佛教造像、唐卡镶边等，直至近代，在藏族古建筑、金银器、彩绘装饰和服饰、民俗器物中运用得也较为频繁和突出，具有悠久的历史，表现出藏族对于西番莲纹样独特的精神崇拜与审美追求，反映了中西文化交流派生的图案对藏族本土传统艺术的影响，极大地丰富了藏族图案艺术文化。

一、西番莲纹的释义特征

纹样所蕴藏的丰富思想内涵，可以折射出一个民族在政治、经济、美学、宗教、哲学及民俗等方面的文化价值取向，不同的国家、不同的民族，有着不同的审美习俗。西番莲纹在古代文物上显然是重要的装饰图案。若从文字着手进行释义探讨，以中国使用习惯做字词解构分析：西，指由国外传来的物品；番，是对四夷之地传入中国的外来物之冠语；莲，指在佛教广传的地区，一种被神化的、与宗教信仰相结合的、普及大众的植物纹饰图案。

西番莲为草质藤本植物，原型为西洋花，属西方生长的一种植物，花朵如中国牡丹，又名“洋番莲”“西洋莲”“番莲”，茎干匍地而生，叶五分如手掌，叶柄基脚有托，叶甚大，枝蔓细长，花大而奇特，花色淡雅，气味芬芳，可作庭院观赏植物。西番莲纹多以一朵花或几朵花为中心向四周伸展枝叶，且大都上下、左右对称，线条流畅，形态盘缠优美，常被图案化后作缠枝花纹，可以根据不同器形而随意延伸，可用于器物腹部、边缘、颈部、足部等局部。从考古发掘资料来看，中国人栽培花卉的历史，大约可以追溯至新石器时代。到了商周时期，花卉的种植更加普遍，花卉的品种也不断增多，有实用性植物和观赏性植物之分。商周以后，赏花便成为一种社会时尚，唐代更是盛行，宋代对于花卉不局限在姿、色、香的欣赏上，更是喜爱其意境，意境常常成为文人墨客作诗赏花的灵感，对花的欣赏使得这种具有西域文化风格的装饰图案被历史吸收传承。

二、西番莲纹在西藏流传的历史脉络与背景

中国运用纹样的历史十分悠久，如果从运用纹样作为器物装饰甚为普遍的彩陶文化算起，距今也已有六七千年的历史。从纹样演变进程来看，尽管史前时期彩陶上的花瓣纹、汉代的茱萸纹、六朝的忍冬纹和莲瓣纹等花草纹已有出现，但其只能是动物纹样的陪衬；自隋唐至近代，器物装饰就多以花草纹饰作为主题纹样，随着人们生活的发展而不断演变。有学者认为，西番莲纹在我国早在战国时期已出现，王怡苹分析西番莲、番莲花结构的图案装饰后，认为西番莲纹最早在战国时期织品上的编织纹饰中就已存在，之后在陶瓷、金银器、石刻等文物上亦可见到相关装饰题材，到了元代则以绘画形式被广泛地应用在具时代特征的青花瓷的主题装饰上。廖晓霞从器具纹样的出现来考证，认为西番莲纹在元以前就已存在，而在明末清初时期，西番莲纹逐渐被中国古代帝王、王亲贵族、士大夫们所青睐。西番莲与莲的造型相似，加上人们对传统莲纹的喜爱，因此在文化内涵上与莲纹相结合，在形式上借鉴了宋元时期的勾莲造型，很快与中国传统吉祥题材，如蝙蝠、云龙云凤、如意云等纹饰相融合，成为与传统纹样融合的外来装饰纹样。故而，目前发现的各类器物图案题材中除了象征权贵的龙、凤、十二章、章补纹饰、团纹、云纹、几何纹、人物题材、吉祥图案等主题，以及象征富贵的牡丹、莲花等花卉，多子的石榴、葫芦等植物图案，长寿的鹤、与福谐音的蝙蝠等祥禽瑞兽外，西番莲纹也一度成为中原人们追求的器物主题纹饰题材之一，被历朝历代所喜爱。

笔者根据青海都兰墓葬、藏传佛教造像、壁画、元明清三朝流入西藏的中原文物，认为西番莲纹在西藏流传使用的开始应不晚于元代萨迦地方政权时期，明代帕木竹巴地方政权时期使用最盛，至清代甘丹颇章地方政权时期广泛流行。

另外，笔者认为，西番莲纹图案传入中国也应当与古代丝绸之路有着密不可分的关系。中国在西汉汉武帝时期，派遣张骞出使西域，以长安为起点开辟了经甘肃、新疆到中亚、西亚，并连接地中海各国的陆上通道，建立起以罗马为终点的陆上丝绸之路，不同种

族、不同信仰、不同文化背景的使者就在这条古道上不断通商往来，各类器物就在这条丝路上交往流通，丝绸之路成为中西文化交流融合吸收的贸易古道、文化古道。西番莲图案是中西商道的必然产物，就在这一历史时期，由高原内部朝向四面八方形成了多条与中原，以及中亚、南亚等国家和地区相互连接的国际性通道，即高原丝绸之路。从此，青藏高原和外部世界的联系得到了全面的加强。笔者认为，西番莲装饰纹样也是在这样一个历史节点，随着丝绸之路的开辟发展，又一次加强了传播，进一步被吸收与融合。

不难发现，在元明清三朝，由于中央治藏举措的不断推进，社会政治经济文化稳定发展，大量饰有中原文化元素的器物通过皇帝赏赐和民间交往不断流传到高原地区，尤其在清代，这种交流融合的发展景象越加繁荣。随着明清两朝中央政府治理西藏的全面完善，汉藏文化更是得到了广泛的交流。西番莲图案就在明清时期的藏族古建筑壁画、唐卡镶边、金银器物、民族服饰、造像艺术中成为较普遍的一种装饰纹样，并以缠枝、折枝、串枝等形式多见，其构图新颖，图案优美、灵活多变，寓意吉祥。

三、西番莲纹在布达拉宫馆藏品中的表现形式与文化意蕴

黄能馥和陈娟娟的《中国丝绸科技艺术七千年》一书对丝绸吉祥纹样的发展脉络梳理得较完整，可借以认识同一时期其他器物的发展及其所受的影响："意象美与造型美并重，是中国传统纹样的特色。原始社会的装饰纹样是与原始社会的宗教意识、审美意识交织在一起的。奴隶社会的装饰纹样更进一步注入了神权色彩。战国秦汉时期除纹样主题与儒家的政治伦理观念及当时社会上流传的世俗观念相结合外，以铭文来表达长寿多子、王权永固、修身成仙等思想。北朝至隋唐五代，佛教题材的装饰进一步丰富了纹样的象征手法和形式的多样性。宋明理学的发展，装饰纹样以象征、寓意、比拟、表号、谐音、文字等种种手法表达世俗观念，包括政治伦理观念、道德观念、价值观念、宗教和哲学观念成为风尚。举凡装饰纹样必有吉祥含意，即图必有意，意必吉祥。"

藏族在历史长河中孕育了独特的传统文化，这些灿烂的文化艺术从各类历史文物中可见一斑，尤其是西番莲纹的出现，更是彰显了藏族吸收融合外来文化元素的审美追求。西番莲纹在明清时期的

中原得到了广泛的应用，这一时期恰逢汉藏文化交流的历史巅峰，藏族图案装饰文化得到了前所未有的发展，尤其在清代中央治藏举措的不断完善与规范下，中原大量的瓷器、玉器、丝织品通过赏赐和民间贸易往来，在高原得到了交流。布达拉宫、大昭寺、扎什伦布寺等西藏重要寺庙和各文物保护单位收藏着许多明清器物，这些文物同时也成为明清两朝西藏文化的重要组成部分并不断被本土传统文化所吸收。而代表祥和、如意、美好和表示连绵不绝的西番莲装饰图案，便迅速地成为清正廉洁、吉祥瑞兆等赞誉之意的表征，被应用在西藏寺庙建筑装饰元素和民间建筑彩绘、壁画、佛像、唐卡镶边、木质家具和民俗器物中，成为藏族装饰纹样中极富生命力的题材。

西番莲纹在西藏不同历史时期所呈现的艺术特征与民族审美追求、艺术崇拜是息息相关的，离不开本土传统艺术的渲染和影响。附表通过图文解读西藏各历史时期发展运用的西番莲纹样特征。

纵览附表可知，在西藏，西番莲装饰图案在器物中的运用有着悠久的历史，呈现器物种类多样、品种丰富、纹样独特，时代特征明显，普遍见于中原流入西藏的各类文物，花瓣从饱满、硕大到单薄，层次从多到少，颜色多沿用粉色、粉红色、红色，形式多见缠枝状，既可以成为器物主题纹样，也可以成为陪衬纹饰，未形成统一的程式，主要体现工匠的需求和审美意向，彰显出中原艺术元素与藏族传统文化元素的融合，成为藏族独有的一种图案艺术。西番莲纹的流行不仅是藏族图案艺术崇拜和审美追求发展的必然，更契合藏族图案艺术的发展过程，反映了中原图案元素被民族化的演变进程，是藏族传统图案与外来文化艺术的碰撞与继承。西番莲纹在西藏的发展主要呈现出以下特征。

（一）在各历史时期中原流入西藏的瓷器、纺织品、漆器等器物中，西番莲纹已成为一种普遍的装饰图案，且多见缠枝、折枝、串枝等艺术表现形式

缠枝花的花茎呈波状卷曲，彼此穿插缠绕，又称为串枝花、常春藤，有永远常青、连绵不断的吉祥意义，是明代颇为流行的一种纹样，多见于明代瓷器和陶瓷器物中。缠枝西番莲纹的莲藤形似老苍龙，莲梗细如绳曲，莲头粗如云头，整体饱满，富贵华丽。在明代大为盛行，深受宫廷喜爱，不管是宫廷传世品，还是出土的各个时期的代表性丝绸，或是赏赐的瓷器、玉器中，都可见到饱满丰盈的缠枝番莲纹。其花纹结构自由流动，缠枝架构明显定型，花头丰硕饱满，缠枝的主枝梗正对主题花朵，呈环状缠绕过花头，枝蔓盘绕接近于全圆。苍劲的缠枝环绕饱满的莲花，结构紧凑稳定，雍容华丽，婉转流畅。串枝西番莲图案虽然没有缠枝盛行，但在设计中是常见的一种形式，串枝以主要枝梗将主题花朵串连，不作环形缠绕，使整体图案的花朵相串联而不孤立，和缠枝的做法相近但不相同，常将藤蔓线条设计成波浪曲线，十分巧妙协调。折枝番莲纹是一段花、叶、枝的植物断枝，以散点式排列运用，形成线条简单的折枝花状，可较为灵活地与其他题材共同应用，如折枝花和吉祥文字杂宝或配上几何地纹等，灵动自然。这些纹样变化与特征在西藏各类从中原流入的器物中具有普遍性。

（二）以莲花（荷花）、宝相花等植物融合呈现的佛教吉祥图案为主要意象特征

莲花纹是中原魏晋南北朝时期盛行的一种装饰花纹，它随佛教的兴起而流行，早期大量应用在石刻、彩画，以及陶瓷、丝织品等的装饰上，成为佛教装饰纹样中最常见的题材之一。莲花即荷花，古称“芙蓉”“芙蕖”。从浙江、河南等地新石器时代遗址出土的莲花来看，早在 5000 年前，人们已经懂得荷花的栽培。佛教传入中国后，莲花又成为佛教的图纹标志，寓意廉洁、清廉、纯洁清净，借喻佛国世界出淤泥而不染，被视为“净土”“吉祥”、洁身自好、不同流合污的高尚品德的象征。随着东西方文化的交流、佛教和佛教艺术的传入中国，东汉以来的莲花纹饰更以新的形式广泛流行。到了唐代，莲花纹样除表现佛教思想的主题外，表现世俗思想的形式也逐渐多了起来，宋代莲纹在织绣类器物中的使用较为显著，尤其凸显在刺绣类织物中。明清之际，瓷器、玉器、珐琅器等除单用莲花作装饰纹样外，配以其他各物的“吉祥图案”也盛行起来，广泛在各类器物中运用，表达当时社会对吉利象征的追求。这一时期流入西藏的很多器物，诸如宗教法器、法衣、经面、旗幡、壁画彩绘、佛像莲座、家具和民俗盛器中，莲花图案便一度成为主流纹饰。

宝相花亦称“宝仙花”，是蔷薇的一种，花大而色丽。衍生自荷花，源于东汉，唐、宋、元时期有所发展，明代最为盛行，清后期被牡丹花所取代。因富丽、高贵之气质在各类器物中被广泛运用。宝相花是从自然形象中概括的花朵，对花苞、叶片进行完美变形，是以牡丹或莲花为母体的经过艺术加工组合而成的图案纹样，形状由多个椭圆形花瓣组成，整齐排列如齿状，花瓣形似如意，外形工整，结构严谨，与西番莲纹有相似的特征。“宝相”在佛教中是对佛祖的尊称，其原型之一是佛教中被称为“圣花”的莲花，因此宝相花也带有宗教意味。这种变形的手法，和魏晋南北朝以来金银珠宝镶嵌的细金工艺发展的启发有关。早在战国以后，莲花就以图案形式在各类器物中被广泛运用；在唐代的金银器、铜镜、陶瓷、织锦中作为装饰主纹，富丽优美，式样丰富，隋唐尤为盛行，唐代以后沿用不衰。而荷花在唐代也是美好的象征，通常和其他花卉或鸟雀动物等配合在一起，被赋予各种吉祥的寓意。西番莲纹样正是充分融合了这些现实中存在或不存在的植物花卉样式，在西藏体现出独特的图案特点，以吉祥、丰富、纯洁、刚毅、坚贞、佛性、包容等寓意融入藏族本土艺术中，广为流行。

（三）以团窠形式图案构架设计偏多

团窠就是把纹样组成圆形的图案形式，设计源自隋唐，至辽、金、元三代盛行，明清延续传统，在丝织品、瓷器、玉器、珐琅器等器物上常见的团纹题材有团花、团龙、团凤、团鹤、团狮。团番莲纹也成为较普遍的纹饰。团窠形式的图案一般越大越尊贵，也有散点分布的，纹样分布可疏可密、可大可小，题材广泛，有团花、折枝花、杂宝纹、无枝花、禽鸟纹、四合云纹、几何的吉祥纹等。在各类器物中也有单一式团形作圆形构图，特别是皇室专用或御赐龙纹图案中，有海水江崖及云龙组成的圆形团龙纹饰，显得隆重庄严。同时，也有中心式团形，以主题图案为中心，外围为其他题材放射状环绕的图案，两者共同组成一个团花形式。而二破式团形又称喜相逢式，是将两个相等分量题材的图案，以圆形太极形式作 S 形组合，常见的有双龙戏珠、鸾凤、龙凤呈祥、双狮戏球，或是花鸟相间等题材，更显丰富饱满的团圆气氛。除了圆形的团纹之外，还有一类两头尖、中间圆弧的樗蒲形式，是比较特殊的图样设计形式。可见，团窠西番莲纹的表现形式极为丰富。布达拉宫馆藏的较多器物中融合了汉地团窠构型，表现出团窠西番莲纹的特征。

四、结论

中国传统纹样，从出现起就闪烁着绚丽耀眼的艺术光芒，经过世代传承、创新和发展，称得上姹紫嫣红、风姿绰约，具有很高的观赏价值与应用价值，彰显着迷人的风采。西番莲纹在历代器物中的出现和运用，更是丰富了陶瓷、织绣、玉器和建筑纹样，它们既一脉相承，又各具特性、别开生面，装饰风格变化多样，使西番莲纹在中国图案艺术史占有重要的地位。西番莲纹在藏族传统纹样中能够占有一席之地，更是藏族装饰图案发展的历史必然，是吉祥图案被藏族佛教文化充分吸收的印记，是藏族审美价值观的一种体现，反映了藏族图案艺术的时代风尚、藏传佛教弘扬发展的艺术属性、人们精神文化艺术的追求，符合高原民族佛性思维和追求吉祥寓意的美好夙愿，其中注入了佛教思想、民族审美、民族艺术、民俗习惯，以及对外来文化的崇拜追求，这正是西番莲装饰图案在西藏得以被吸收融合、传承发扬的价值所在。

参考文献：

1. 陈娟娟：《中国织绣服饰论集》，紫禁城出版社2005年版。
2. 高春明：《锦绣文章：中国传统织绣纹样》，上海书画出版社2005年版。
3. 黄能馥、陈娟娟：《中国丝绸科技艺术七千年：历代织绣珍品研究》，中国纺织出版社2002年版。
4. 李雨来、李玉芬：《明清织物》，东华大学出版社2013年版。
5. 尼玛旦增主编：《布达拉宫珍宝馆图录》，中国藏学出版社2013年版。
6. 青海省文物处、青海省考古研究所：《青海文物》，文物出版社1994年版。
7. 阙碧芬、范金民：《明代宫廷织绣史》，故宫出版社2015年版。
8. 田自秉、吴淑生、田青：《中国纹样史》，高等教育出版社2003年版。
9. 王抗生：《中国传统艺术：植物纹样》，中国轻工业出版社2000年版。
10. 王怡苹：《“番莲花”纹释考》，《南方文物》2012年第3期。
11. 西藏博物馆：《西藏博物馆藏明清瓷器精品》，中国大百科全书出版社2004年版。
12. 西藏自治区布达拉宫管理处：《典藏珍宝 见证历史》，中国藏学出版社2019年版。
13. 西藏自治区文物管理委员会：《西藏唐卡》，文物出版社1985年版。

附表 1　布达拉宫古建筑装饰、壁画中的西番莲图案

年代：清末

名称及位置：布达拉宫白宫门庭门框木雕装饰花纹

纹饰说明：布达拉宫白宫门庭“松格果觉”门楣、门框雕有多彩花纹，粉红色西番莲纹花瓣硕大，层次单薄，呈清末晚期特征

年代：清代

名称及位置：布达拉宫西大殿南墙，仲敦巴·杰伟炯乃壁画

纹饰说明：壁画中心人物用粉红色、桃红色绘制西番莲簇拥而成，其花瓣饱满，层次分明

年代：清代

名称及位置：布达拉宫药师佛殿药师主供佛琉璃光王壁画

纹饰说明：药师主供佛背光绘制粉色西番莲纹，连接瓔珞装饰，莲座下方绘制三朵饱满的西番莲纹，为17世纪盛行的层叠簇拥的花瓣典型

年代：清代

名称及位置：布达拉宫西大殿静息观音壁画

纹饰说明：主尊静息观音像四周被西番莲所簇拥，颜色分明，花瓣饱满

年代：清末

名称及位置：布达拉宫十三世达赖喇嘛灵塔殿二回廊壁画

纹饰说明：西番莲颜色以粉色、粉红色两种颜色居多，花瓣稀疏且立体

年代：清末

名称及位置：布达拉宫白宫门庭壁画

纹饰说明：清代晚斯西番莲纹颜色继承早期特点，以花瓣稀疏、层次少为特征

附表 2　西藏唐卡、唐卡镶边、造像和法器中的西番莲图案

年代：元代

名称：织锦不动如来佛唐卡镶边

来源：布达拉宫藏

纹饰说明：画风简朴，形象宽厚，唐卡镶边具有元代织物特色，其缠枝西番莲纹伸展有力，立体饱满，可见当时丝织品工艺与藏传佛教艺术的紧密结合

年代：明代

名称：织金妆花缎喜金刚唐卡镶边

来源：布达拉宫藏

纹饰说明：整幅唐卡是以石青色缎地取多彩丝线的提花织物，以片金线勾勒出主尊佛像，如意云纹、手持物、背光与底座以多彩丝线挖梭工艺织造，四周饰有织金西番莲纹，与画心一次性织成

年代：明永乐年间

名称：织金锦大明永乐年施胜乐金刚唐卡镶边

来源：山南博物馆藏

纹饰说明：巨幅唐卡，以织金工艺织成，右上边织有“大明永乐年施”铭文，山字形火焰纹织造独特。整体织造精良，品相完美，为宫廷织金锦的上乘之作。红、黄、蓝三色地缠枝西番莲纹作镶边拼缝而成，其西番莲饱满独特，勾卷状清晰，纹饰别样

年代：清代

名称：宇妥・云丹贡布像唐卡镶边

来源：西藏博物馆藏

纹饰说明：唐卡镶边织有蓝色地缠枝西番莲纹织金妆花缎，多色丝线织纹样，构图清晰，排列有序

年代：清代

名称：罗睺罗罗汉像唐卡镶边

来源：布达拉宫藏

纹饰说明：勉唐画派风格，红色地织金妆花缎和黄色地织金妆花缎拼接成唐卡镶边，折枝西番莲纹挺立有序

年代：清代

名称：玛尔巴译师像唐卡镶边

来源：布达拉宫藏

纹饰说明：勉唐画派风格，红色地织金缎作唐卡镶边，缠枝西番莲纹为主题纹样，花瓣饱满、丰富

年代：清代

名称：时轮金刚像

来源：布达拉宫藏

纹饰说明：勉唐画派风格，时轮金刚身分红、黑、黄、白、绿等颜色，四面二十四手，脚踏仰卧人体，为密宗无上本尊像。画心下方绘制缠枝西番莲纹，花瓣有力娇艳，枝干伸展挺立，极为特别

年代：清代

名称：西方广目天王像唐卡镶边

来源：布达拉宫藏

纹饰说明：勉唐画派风格，红色地缠枝西番莲纹织金妆花缎为唐卡镶边，花蕊饱满

年代：清代

名称：镶金嵌宝石刻梵文法螺

来源：布达拉宫藏

纹饰说明：法螺满身雕刻西番莲和梵文等图案，缠枝西番莲纹为联珠开光式，花瓣雕刻精美丰满，与整个器物浑然天成

年代：清代

名称：珊瑚曼扎基底

来源：西藏博物馆藏

纹饰说明：用金属制作，银基底上錾刻精致的莲花纹样

年代：元代

名称：鎏金铜噶玛拔希坐像

来源：布达拉宫藏

纹饰说明：此尊头戴藏传佛教噶玛噶举派专有黑帽，面容端庄，上身錾刻交领藏式袈裟，其正面、背面缘边、通肩、下裙錾刻缠枝西番莲纹一周

年代：明永乐年间

名称：鎏金铜圣观音坐像

来源：布达拉宫藏

纹饰说明：观音头戴五叶佛冠，左右两肩盛莲花（西番莲），右手莲茎从指间沿臂而上，于右肩绽放，莲瓣丰硕饱满，左手于胸前结期克印，且捻持莲花

年代：公元12—13世纪

名称：合金观音菩萨立像

来源：布达拉宫藏

纹饰说明：观音菩萨又作观世音菩萨、观自在菩萨、世自在菩萨等。手持莲花（西番莲）为主要特征之一。此尊左手当胸持莲花枝，盛于左肩之上，花蕊硕大，莲瓣饱满

附表 3　西藏民俗器物、服饰中的西番莲图案

年代：清代

名称：银质提链香炉上盖镂雕

来源：布达拉宫藏

纹饰说明：香炉由炉身、盖和提链组成，炉盖镂空鎏金饰西番莲纹，花瓣层次分明、饱满

年代：清代

名称：银质错金盛食器

来源：布达拉宫藏

纹饰说明：呈桶状，带盖，通体错金西番莲和八宝纹饰

年代：清代

名称：蓝色地缠枝西番莲纹妆花缎夹袍

来源：布达拉宫藏

纹饰说明：为珍宝服饰（仁坚切），整件服饰以蓝色地用大红、枣红、黑绿、油绿、草绿、白色等彩色丝线织成四方连续式的缠枝西番莲纹

年代：民国

名称：毛织马鞍垫

来源：西藏博物馆藏

纹饰说明：多彩毛织西番莲纹为主题纹样，花瓣饱满、多层，富有立体感

附表 4　西藏瓷器、丝织品、漆器中的西番莲图案

年代： 明永乐年间

名称： 青花莲花纹执壶

来源： 西藏博物馆藏

纹饰说明： 呈玉壶春式样，腹部两面开光内绘莲花纹，流、柄为串枝西番莲纹

年代： 明万历年间

名称： 青花缠枝莲纹罐

来源： 西藏博物馆藏

纹饰说明： 撇口，短颈，溜肩，腹部绘缠枝西番莲纹

年代： 清雍正年间

名称： 斗彩缠枝莲纹瓶

来源： 西藏博物馆藏

纹饰说明： 造型端庄隽秀，通体饰缠枝西番莲纹，线条流畅，清晰挺秀

年代： 清雍正年间

名称： 斗彩缠枝莲托暗八仙天球瓶

来源： 布达拉宫藏

纹饰说明： 直口长颈，球形腹，平底。通体饰斗彩缠枝莲托暗八仙纹，素底无釉，书“大清雍正年制”六字三行篆书款。腹绘缠枝西番莲纹一周，饱满有力

年代： 清乾隆年间

名称： 剔红缠枝莲内包银高足碗

来源： 布达拉宫藏

纹饰说明： 撇口，弧腹，圜底，下乘高足。通体漆雕缠枝西番莲纹。雕刻精工，刀法爽利纯熟，刻痕深陡峻直，代表了清代剔红的制作水平

年代： 清乾隆年间

名称： 青花釉里红缠枝莲纹赏瓶

来源： 西藏博物馆藏

纹饰说明： 撇口，长颈，鼓腹，圈足，通体饰青花釉里红纹样，主题纹饰绘缠枝西番莲纹

年代：明永乐年间

名称：青花莲花纹执壶

来源：西藏博物馆藏

纹饰说明：呈玉壶春式样，腹部两面开光内绘莲花纹，流、柄为串枝西番莲纹

年代：清嘉庆年间

名称：粉彩缠枝莲纹多穆壶

来源：布达拉宫藏

纹饰说明：器呈筒状，器身前置凤首流，后设龙形执柄。器身腹部、上部、下部绿地粉彩绘缠枝西番莲纹，外底矾红彩书“大清嘉庆年制”六字三行篆书款。番莲花色彩鲜艳活泼，为正面盛开的羽状花瓣，花心处有花冠托住子房，子房的柱头顶端呈略弯曲的勾状

年代：清嘉庆年间

名称：粉彩缠枝莲托八宝纹三足炉

来源：布达拉宫藏

纹饰说明：鼎式炉，直口，短颈，鼓腹，器两侧置对称朝天耳，下承三象腿足，口沿矾红彩横书“大清嘉庆年制”六字篆书款。腹绘缠枝番莲花纹一周，满绘挺立，花心饱满

年代：清代

名称：白地套红缠枝纹三足香炉

来源：布达拉宫藏

纹饰说明：五供之一，鼎式炉，直口，短颈，鼓腹，上腹饰宽莲瓣，腹部饰缠枝西番莲纹

年代：清道光年间

名称：蓝色地缠枝宝相花纹妆花缎

来源：布达拉宫藏

纹饰说明：以多色丝线织宝相花，缠枝宝相花为主体纹样，枝条绕花朵回旋，缠枝中伴有小的宝相花纹，花瓣变形，多作勾卷状

讲述世界文化遗产的故事

——“布达拉宫：来自雪域的世界文化遗产”策展手记

徐小虎　孙思源

一、缘起：文化遗产界的“顶流”

中国大运河作为世界文化遗产，凝聚着中华文化的自信和力量，体现着中华民族的重要历史文脉。中国大运河博物馆（以下简称中运博）作为一座全面阐释大运河文化的博物馆，在建设中充分体现了文物保护利用和文化遗产保护传承的需求，在发展定位中也把扩大遗产价值和文化价值作为其中重要一环，因此中运博所做展览天然带着推介文化遗产价值、做好遗产传播的基因。

2024 年恰逢布达拉宫申遗成功 30 周年和中国大运河申遗成功 10 周年，为了继续向观众讲好中国的世界文化遗产故事，中运博联合西藏自治区布达拉宫管理处共同举办“布达拉宫：来自雪域的世界文化遗产”特展（图 1），一同将布达拉宫的雪域史诗迎至运河之畔。此次展览展厅面积近 1300 平方米，展品全部来自布达拉宫，总计 101 组、169 件，其中三分之一为首次展出，这也是布达拉宫文物首次单独组团来到内地。作为中运博“文化遗产”系列临展的第二个展览，“布达拉宫”展也是该系列下首个由中运博团队自主策划的原创大展。如何对文化遗产进行解构、解读，又如何将文化遗产放置于展览语境中剖析、呈现，再如何让观众与文化遗产产生联系、共鸣从而理解保护传承的意义，是中运博策展团队在本次展览中不断求解、求变的核心问题。

图1　“布达拉宫”展海报

“文化遗产”系列展览是中运博落实发展定位要求、扩大文化遗产价值传播的重要抓手，也是中运博最有代表性的临展品牌之一，该系列出发点源自中国大运河所具有的世界文化遗产属性，该系列的初衷是希望以此提供一个让不同文化遗产可以产生某种关联并进行交流对话的平台，从而阐发保护好、传承好、利用好文化遗产的时代心声。在 2022 年，“文化遗产”系列的首展选择了山西永乐宫，永乐宫的建筑壁画之美、十年搬迁保护之功、珍贵遗世重光还余晖未减。在考虑下一个文化遗产如何选择的时候，我们也在思考究竟应该怎么展现文化遗产，如何选择合适的表现对象，什么样的世界文化遗产在中运博展示更加具有意义。带着这些问题，也怀着要把“文化遗产”系列展览越做越好的决心，中运博将目光投向了中国海拔最高的地方，在那里静静地伫立着文化遗产界的“顶流”——布达拉宫（图 2）。无数人为了她不远万里、克服万难，只为一睹容颜，似乎在那里待上两三天就能得出“我从哪里来，要到哪里去”这一人生究极问题的答案，原因也许在这十二字之中——“洗涤心灵、

图2　布达拉宫

升华灵魂、追求真我”，令人不可思议。或许当人们顺着迂回的阶梯，拾级而上，一部丰富的石头史书便展卷眼前，它饱满地记录着西藏地区跌宕起伏的历史和高原文明演进的过程。那些抽象的地域信仰和人文精神、那些历史长河中缥缈的传说在布达拉宫里一一浮现，这或许就是世界文化遗产的魅力。这样的文化遗产一定会受到观众的喜爱，那我们何不通过大运河这样一个“水脉”将布达拉宫带到更多人的面前，解读“顶流”文化遗产的故事。

二、困境：从“0”到“1”

将布达拉宫作为一个“文化遗产本体”去思考展览路径无疑是具有很大挑战性的。布达拉宫本体所包含的不仅仅是人们熟知的宗教艺术和民族特色，更是多个领域的复杂集合，比如历史学、建筑学、民族学、宗教学等等。对于策展团队来说，这注定是一次面对庞大陌生知识的冲击——首先，我们遇到了第一个困境，“知识困境”。整个展览的构思始于 2022 年底，在决定要做这个展览之后，策展团队需要进行大量的学习和研究来弥补知识体系的空白，从而才能具备认识和了解布达拉宫这个“文化遗产本体”的基本要求。所以在整个策划期间，策展团队研读了 30 多本有关西藏地区传统文化和布达拉宫的图书，先后四次前往布达拉宫进行相关调研（图 3），也拜访了西藏地区相关历史遗存、博物馆、档案馆等，收集、整理、撰写了 10 多万字的文案、资料，期望从中找到一条内涵丰富而又独特的线索。

图3　策展团队进入布达拉宫地垄勘察

其次，当具备了可以对布达拉宫进行一些基本解读的条件的时候，我们又遇到了第二个困境，“表达困境”。布达拉宫从没有以文化遗产的角度被在一个展览中解读过，更多的是以文物联展的形式与西藏其他文物收藏单位一起参加其他博物馆或机构举办的文物精品展或以其他学术视角切入的展览，比如“天路文华——西藏历史文化展”“祥开万象——故宫与西藏文物联展”等。中运博是一个观众量很大的场馆，在我们的观众画像中，年轻和高知的女性群体占主体，她们对于展览阐释和表达的要求很高，因此，我们在寻求诸如以上提到的优秀展览案例作参考的同时，也在困惑如何让“文化遗产”主题展览的表达更加清晰。所以我们希望在保证展览体系完整性与学术深度的同时，用更加“观众友好型”的方式，呈现这一文化遗产界的“顶流”。尽管受到知识盲区难突破、阐释困难等

各方面的限制，我们还是尽力营造了一个可以解读的布达拉宫、一个真实的能让人看懂的布达拉宫、一个努力打破认知差异和知识壁垒的展览，同时希望借助策展语言和展陈手段的创新，用多个体验式展项表现布达拉宫给人们带来的感受，通过多维度的表现手法，为观众提供多层次的观展可能。

图4　双方团队研讨展览大纲

再次，年轻的中运博策展团队在以往的展览策划中从未涉猎西藏文化题材，经验较少，导致项目推进过程中在内容策划的进度上严重滞后，其中的问题可能就是我们要面对的第三个困境，“差异困境”。布达拉宫管理处作为一个世界文化遗产保护单位，核心工作是本体保护，以往没有单独承办过大体量文物外展，所以双方团队在工作方法和节奏上都有一定的差异，好在通过不懈的努力，双方策展团队顺利磨合，有力保障了展览的推进（图4）。另外，由于“文化遗产”展览的系列性，对于遗产阐释的角度和方式需要适应中运博的展览语境，因此中运博的策展团队重新撰写了展览文本。为了完成这一任务，在布达拉宫团队的全力支持配合下，中运博策展团队前后四次去到布达拉宫驻点挑选文物并修改文本，高原反应带来的不适几乎一度中断了驻点工作，但回想起来却是我们一生难忘的经历，最终双方团队在精诚合作下圆满完成了任务（图5）。

图5　策展团队驻点布达拉宫遴选文物

三、叙事：从解构到阐释

布达拉宫有着1300多年的历史，她雄踞拉萨市海拔约3700米的红山之巅，是全世界海拔最高、规模最大的宫堡式建筑群。主体建筑依山而建、殿宇重迭、气贯苍穹，分为红宫、白宫两大部分。其每个宫殿的修建都巧妙地利用了山形地势，宫宇叠砌、迂回曲折，是人民智慧、民族交流交融的见证。这座历经千年沧桑的建筑，在累世的发展中不断演进层积，最终集宫殿、寺庙和宗堡形制于一身，成为藏式宫殿建筑与寺院建筑相结合的典范。

梳理展览内容的叙事逻辑其实也是一个对布达拉宫进行解构、解读的过程，当然，展览的调性往往体现在展览文本和形式两个方面。其中文本是展览的基础和核心，有效的叙事，需要千锤百炼才有可能呈现出精良的一面。一个展览不仅要传达给观众正确的史实、科学的观点、专业的界定，更需要与观众达到良好的互动。叙事语言就是互动项之一。布达拉宫的文物由于具有特定的文化背景，不

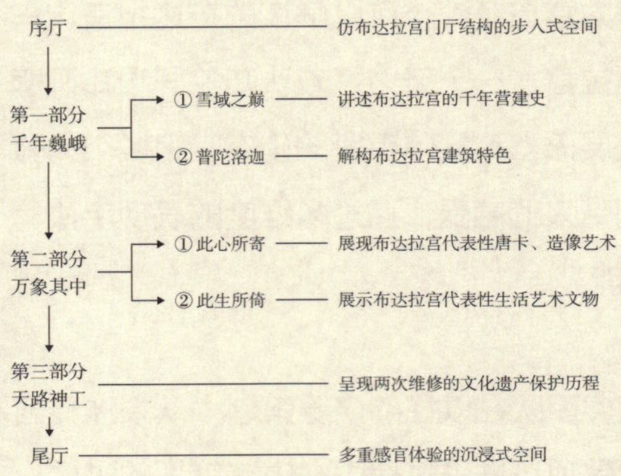

图6　展览内容框架

图7　第一部分 千年巍峨

易被理解，这就给观众识读造成一定困难，因此我们必须做好解读和阐释，把专业的话语转变成通俗、简洁、形象、优美的语言，同时，这对文物和展品也提出了很高的要求。但是我们在实际工作过程中却发现可以选择的文物往往受到多种限制，例如我们要表现布达拉宫的历史和建筑，但是可以用来直接表达这部分的文物很少；再者，我们要表达布达拉宫建筑里各元素的涵义，却发现自己不擅长将这些特定符号转译为展览语言，还有很多诸如此类的问题。我们通过不断调整文本大纲以求找到一个平衡，但一番“实验”下来，要么是家底摸不清、不知有哪些文物可以支撑，要么是每个板块比例不协调，表达不清。其间文本撰写一度搁浅，我们不知从何下手，在一番纠结后决定向专家请求帮助，在来自故宫博物院、浙江大学、中央民族大学、上海大学的众多专家的建议下，我们决定重新去布达拉宫现场挑选梳理文物，重新“复盘”。最后，我们以向观众阐释清楚为目标，依据现有条件，竭尽所能去寻找可用文物，以物说话，确定了采用三段递进式的叙事逻辑：建筑与历史—艺术与生活—保护与思考。在叙事逻辑确定后，我们再将展览划分为三个部分、五个单元。

展览的第一部分“千年巍峨”从建筑与历史的角度出发，意在将布达拉宫作为一个文化遗产整体介绍给观众，从时间与空间的维度来呈现一个完整且立体的布达拉宫（图7）。展览中的此部分包括“雪域之巅”和“普陀洛迦”两个单元，分别介绍了布达拉宫的千年营建传奇和独特的宫堡建筑形式。在讲述营建历史的“雪域之巅”单元，我们首先选择了对布达拉宫来说具有重要意义的两位节点性人物作为叙事的串联，即松赞干布与五世达赖喇嘛。松赞干布迎娶文成公主的典故在历史课本中已是耳熟能详，展览便以此为引向观众讲述 “为公主筑一城以夸后世”的布达拉宫前身故事。第二位重要的人物是五世达赖喇嘛阿旺罗桑嘉措。五世达赖喇嘛于1645年下令重建了布达拉宫，后经历代扩建并不断修缮才有了今日所见的布达拉宫。同时，也正因五世达赖喇嘛进京觐见顺治皇帝，才受封为“西天大善自在佛所领天下释教普通瓦赤喇怛喇达赖喇嘛”，也因此奠定了其自身以及布达拉宫在西藏地区的重要地位。这部分文物的组合，也围绕这两位重要人物的线索展开，比如松赞干布像和五世达赖喇嘛像。在讲述布达拉宫建筑特色的“普陀洛迦”单元，我们对布达拉宫的建筑元素进行了解构，首先进行了建筑结构和建筑装饰的划分，再进行了梁柱、地垄、顶、地、墙、门等元素的细分。此单元叙事从上单元以文物为主的节奏中跳出，主要采用场景复原、模型展示、互动体验的方式，让观众可以通过最直观的方式来理解这些具有一定专业性要求的建筑知识。

图8　第二部分　万象其中

展览的第二部分“万象其中”正如标题所言，将观众的视角从布达拉宫建筑外部拉进了内部（图8）。布达拉宫被誉为“世界屋脊的文化艺术宝库”，那么展览肯定要展现其浩瀚的宫藏文物。这一部分以“此心所寄”和“此生所倚”两个单元为划分，汇集了布达拉宫唐卡艺术、造像艺术、生活艺术等多个类型的艺术珍品。此部分文物陈列一改上一部分的疏朗排布，转而使用较为紧凑的密集型陈列方式，让观众在已经对布达拉宫这一文化遗产本体产生深刻印象后，再次接收到视觉观感上的震撼冲击，从而进一步加深对文化遗产内涵多样性、综合性的认识。此部分有着大量的宗教艺术类文物，如唐卡、造像、法器等等，我们没有将重点放在其宗教内涵上，而是从工艺角度出发，重点突出其艺术价值。

展览的第三部分“天路神工”作为展览叙事的最终落脚点，将重点放在了文化遗产的保护利用上（图9）。我们以时间为序，重点展示了1989年和2002年这两次耗时多年的大型维修工程，以文物实体、文献资料、照片和数字化资源的展示组合，给观众讲述布达拉宫在建筑本体、壁画、古籍经书等方面的文化遗产保护成果。

图9　第三部分　天路神工

我们采用三段递进式的叙事逻辑文本也只是为了尽可能地让观众看懂文物与遗产之间的关联，尽量表达清楚文化遗产的意义，但在真实的观展场景中，观众的注意力往往集中在文物及其辅助展示上，所谓的“框架”“文本的逻辑”都被湮没在展厅的大环境与文物的小环境中。面对布达拉宫这样一个题材，我们怎样让观众得到最有效的观展信息？我们想，文本语言是一个捷径。好的展览语言会起到事半功倍的效果。这些语言绝不是学术论文式的晦涩高深，它应该是有生命力的，有画面感的，观众读到这段文字，脑海中能浮现出相对应的画面，能被激发出想象力，以此来加深印象，引起兴趣与情感的共鸣。所以本着这样的目的，我们将文本语言进行打磨，尽量直白通俗，向观众讲清楚、说明白。

在展览全过程中，社教团队、宣传团队与策展团队共同协作，多维度开展的教育和宣传活动也是向观众有效阐释展览内容的重要途径。系列社教活动当中既有面向不同人群的分众化讲解导览，也有特色课程，同时还有邀请来自布达拉宫、故宫等机构的专家进行的讲座，他们以各自从业领域为原点，从不同角度分享对布达拉宫的理解，在交流中碰撞出新的思维火花。宣传团队对宣传节奏、宣传亮点等进行了前置策划，打造了“报、台、网、端、微”矩阵式立体传播模式，不仅组织了媒体专场活动，开展了专题采访，还利用中运博的宣传矩阵及时发布展览信息、宣传视频和社教活动信息，在展期内定期推送展览的深度解读、专家点评及相关媒体报道。展览为期三个月，观众量达到一百多万人次，各大媒体诸如中国西藏网、人民网、中国青年网等报道转发超二百多次，网络检索和转赞评互动量屡创新高，不仅使展览得到了文博界同仁、社会公众和各类媒体的广泛关注，也帮助观众更好地理解展览叙事逻辑。

四、呈现：有层次的高级感现代空间

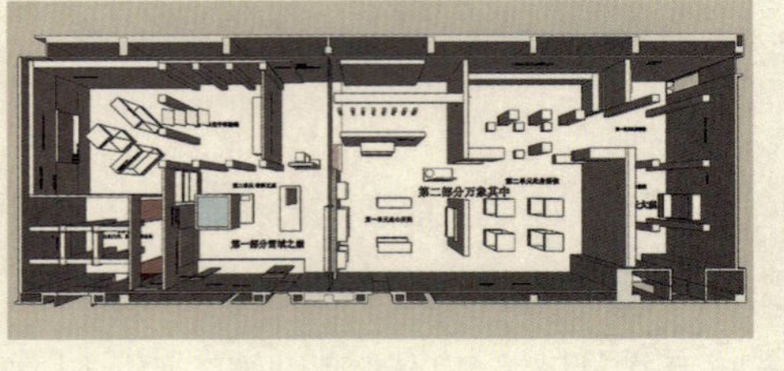

图10　空间设计第一稿

“展示文化遗产本身”是此次展览形式设计的原则，而文化遗产的特别之处在于它的很多内涵是无法通过可移动文物来体现的。因此，当我们在思考“如何将文化遗产放置于展览语境中剖析、呈现”这个问题的时候，选择了以现代的风格去进行元素抽象化的表达，营造富有层次感、高级感的现代空间，又同时选择了一个具象的元素作为线索贯穿展览，来将展览的几个叙事空间紧紧串联在一起（图10至图12）。

图11　空间设计第二稿

首先，是元素的提取与抽象表达。我们分别提取了布达拉宫建筑本体和日光两个元素进行了抽象化表达（图13）。在展览的序厅，半透明磨砂亚克力材质的之字形台阶与金属丝网材质的白宫门厅梁柱形成交叠的视觉层次，象征此时旭日初升，日光由弱变强。这里既是观众对展览的第一印象，同时也是布达拉宫多种抽象元素第一次集中出现。抽象表达方式与展陈材质选用所带来的朦胧感，虽然保留了布达拉宫的神秘，但也以强烈的视觉风格向观众呈现了布达拉宫的整体形象。在展览的第二、三部分中，日光元素依次以“日中”“日落”的两种状态出现，既构成展览氛围的统一调性，也暗示观展的开始与结束。其次，是具象元素的线索串联。在展览当中，布达拉宫建筑的具体形象以模型的形式总共出现了两次。第一次是在第一部分的两个单元之间作为承上启下的节点展项——总结布达拉宫营建历史单元，开启布达拉宫建筑特色单元；第二次是在展览结尾部分，结合日落的场景同时出现，以更宏观的视角让观众可以再次“回望”布达拉宫。最后，是色彩空间的衔接。展厅外空间选

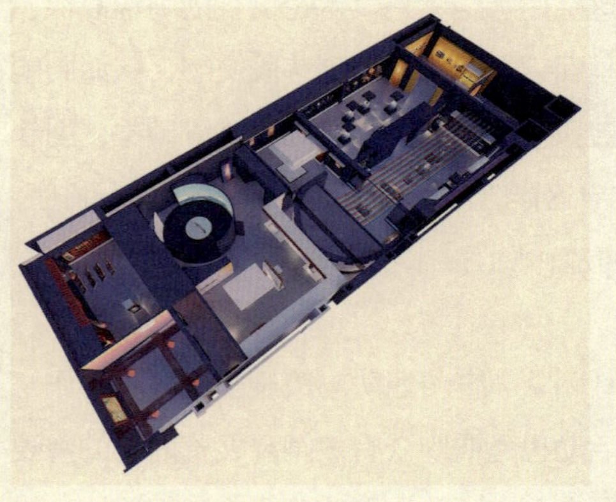

图12　空间设计第三稿（最终定稿）

用了最有代表性的红色与白色，第一部分空间继续沿用红白的组合，第二部分空间由于有大量金银器展示，因此选用了“藏族五色”中的蓝色（图 14），第三部分讲述文化遗产保护故事，则选用了“藏族五色”中明亮有活力的黄色。

图13　展厅中的日光元素

抽象与具象的结合、空间与色彩的搭配共同营造出了一个有层次感和高级感的空间，给展览的叙事和情感的传达提供了一个带有催化作用的辅助介质，成为最终展览实现“价值”和“情绪”双重输出的重要推力。

五、共情：“情绪价值”的输出

图14　展厅空间与色彩搭配

此次展览除了内容与形式的深度结合，也使用了一些较为特别的展陈手段来给观众输出“情绪价值”，让文化遗产的价值表达能够触及更多观者的内心。

布达拉宫的建筑，无论是其外观还是内部，都是最能体现其独特的文化遗产属性的，让观众对布达拉宫的建筑本身有一个基础感知无疑是整个展览第一件要做的事情。因此，从前往展厅的廊道开始，我们就以布达拉宫建筑特色的氛围营造来将观众带入展厅，并且利用展厅门口的直角 LED 屏幕播放裸眼 3D 的文物展示视频，给观众代入感（图 15）。进入展厅后，我们则对一些重点展品做单独设计，比如给第一部分的斗篷划分了一个相对独立的空间，通过蓝色星空灯箱背景营造出庄严高贵的感觉（图 16），以此充分调动观众的参观欲望。

图15　展厅门口的裸眼3D文物展示

但是仅此而言，对于没有去过拉萨、没有去过布达拉宫的观众来说，布达拉宫到底是什么样子、面对布达拉宫到底是什么感受，还是比较模糊的。所以我们在展览的第一部分设计了一个展示布达拉宫建筑模型的独立空间，用直径约三米的建筑沙盘结合 Mapping 投影、环幕投影手段，展示了布达拉宫从日光初起一直到星夜寂静、从桃花灼灼一直到白雪皑皑的时间变换（图 17），观众在此感受到的每一天、每一季其实也就是布达拉宫的 1300 年。站在这样的一个空间中，看着布达拉宫背后变换轮转的巍峨雪山、草地与湖泊、奔跑的牛羊、旖旎的桃林，耳边流淌着空灵音乐，观众仿佛身在拉萨、身在布达拉宫。数字化的技术手段在运用得当的情况下，可以极大

图16　展厅中的斗篷独立展示空间

图17　布达拉宫建筑模型独立空间

图18　尾厅的“日落”

加深展览内容给观众的观展“获得感”，依托数字化手段带来的感官刺激也可以为观众提供更多的“情绪价值”，让展览内容更能够走进观众心里。在展厅中，此展项也是最多观众会驻足观看并不约而同拿起手机记录的地方。

此外，第二个最多观众驻足的地方便是尾厅“日落”之处（图18）。我们在此处以戏剧灯光代替传统的博物馆展览照明，用有明灭节奏的舞台灯光编排使灯光焦点从布达拉宫建筑模型逐步转移到驻足在此的观众。观众在此伫立，“见天地、见众生、见自己”，从物质遗产到精神遗产的高度升华，唤起观众内心与布达拉宫之间的共鸣、共情。

六、结语：激活与传承

布达拉宫跨越万里来到千年古城扬州，讲述了一个雪域高原的世界文化遗产故事，让我们一窥藏族文化和艺术之精华，让我们沉醉于布达拉宫的魅力。一个展览的完成，并不是策展团队任务的结束，关于布达拉宫的的故事仍在延续。此次展览激活了一批大众难以得见的重要文物，也使遗产价值的阐释普及和传播效益得到了提升，通过展览，文化遗产被赋予了新的力量，也强化了我们继续传承保护的热情。未来，中运博会继续书写文化遗产保护和传承的故事，推动以大运河为象征的中华民族优秀特质的创新性表达和创造性转化，彰显文化自信。

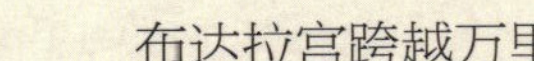

参考文献：

1. 曹筝琪娜、韩菂馨、李姜论等：《“与天地精神往来——黄宾虹艺术研究展”策展手记》，《文物天地》2023年第S2期。
2. 龚良：《中国大运河博物馆的建设定位和发展要求》，《东南文化》2021年第3期。
3. 何倩：《“融·合——4—5世纪北魏平城文物展”策展手记》，《文物天地》2023年第S2期。

参考资料

图书

1. 管・宣奴贝：《青史（足本）（第一部）》，王启龙、还克加译，王启龙校注，中国社会科学出版社2012年版。
2. 管・宣奴贝：《青史（足本）（第二部）》，王启龙、还克加译，王启龙校注，中国社会科学出版社2012年版。
3. 姜怀英、噶苏・彭措朗杰、王明星：《西藏布达拉宫修缮工程报告》，文物出版社1994年版。
4. 焦自云、汪永平等：《西藏藏式传统建筑》，东南大学出版社2019年版。
5. 金申：《西藏的寺庙和佛像》，文化艺术出版社2007年版。
6. 刘志群：《西藏艺术》，五洲传播出版社2017年版。
7. 尼玛旦增主编：《布达拉宫珍宝馆图录》，中国藏学出版社2013年版。
8. 恰白・次旦平措、诺章・吴坚、平措次仁编：《西藏简明通史》，陈庆英等译，五洲传播出版社2013年版。
9. 首都博物馆、西藏博物馆编：《天路文华》，科学出版社2018年版。
10. 王南、卢清新、袁牧等编：《西藏青海古建筑地图》，清华大学出版社2021年版。
11. 汪永平、牛婷婷、宗晓萌等：《西藏藏传佛教建筑史》，东南大学出版社2021年版。
12. 西藏博物馆编：《历史的见证：西藏博物馆藏历代中央政府治藏文物集萃》，四川美术出版社2015年版。
13. 西藏布达拉宫管理处编：《雪域圣殿—布达拉宫》，华龄出版社2012年版。
14. 西藏建筑勘察设计院、 中国建筑技术研究院历史所主编：《布达拉宫》，中国建筑工业出版社2011年版。
15. 西藏自治区布达拉宫管理处：《布达拉宫藏品保护与研究：古籍文献研究》，四川大学出版社2021年版。
16. 西藏自治区文物保护研究所：《西藏古建筑测绘图集（第三辑）》，科学出版社2019年版。
17. 熊文彬、曲珍主编：《雪域瑰宝在北京》，中国藏学出版社2013年版。
18. 张云：《松赞干布》，五洲传播出版社2020年版。

论文

1. 陈金中：《关于历世达赖喇嘛的印章》，《青海民族学院学报》1988年第4期。
2. 郭卫平：《从布达拉宫看西藏地方与祖国的关系》，《西藏研究》1988年第4期。
3. 嘉措顿珠：《布达拉宫志》，《西藏研究》1991年第3期。
4. 何晓东：《历代中央政府封授达赖喇嘛印信考述》，《藏学学刊》2015年第1期。
5. 胡海燕：《布达拉宫世界文化遗产管理的现状、问题及对策》，《西藏研究》2006年第4期。
6. 江道元：《世界屋脊的明珠——布达拉宫》，《西藏研究》1983年第2期。
7. 江琼·索朗次仁：《雪碑最初立碑位置考》，《西藏研究》2015年第3期。
8. 李婧：《松赞干布时期的拉萨建设初探——从藏传佛教“建筑场景”类绘画研究出发》，《西藏研究》2015年第3期。
9. 刘娜：《藏族面具色彩艺术》，《流行色》2020年第9期。
10. 吕岩：《布达拉宫—历史与视觉的影像表达》，《西藏研究》2014年第5期。
11. 米文科、杨胜利：《宗教文化视域下的藏族文化象征符号》，《西藏研究》2014年第2期。
12. 平朗：《漫谈唐卡及其保护》，《西藏研究》1989年第2期。
13. 陶长松：《略论藏族传统文化的继承与演变》，《西藏研究》1998年第1期。
14. 邬朝贵：《举世瞩目的布达拉宫》，《西藏研究》1982年第1期。
15. 徐彬：《藏族地域色彩的精神特质》，《西藏研究》2015年第4期。
16. 徐世芳：《略谈对藏族文化、传统及藏族传统文化的认识》，《西藏研究》2004年第3期。
17. 杨时英：《承德普陀宗乘之庙与西藏布达拉宫》，《西藏研究》1987年第4期。
18. 杨永红：《西藏宫殿建筑的军事防御风格》，《西藏研究》2004年第1期。
19. 益西拉姆：《藏语谚语的语言特色及文化内涵》，《西藏研究》2015年第3期。
20. 张亚莎：《贡嘎曲德寺密宗殿壁画的艺术史地位——兼论西藏近世绘画的重要转折》，《西藏研究》2002年第2期。
21. 周润年：《历史上藏汉民族文化交流综述》，《西藏民族学院学报（哲学社会科学版）》2004年第2期。
22. 周绍举：《浅析唐卡艺术的传承与流变》，中央民族大学硕士论文，2012年。

图书在版编目（CIP）数据

布达拉宫：来自雪域的世界文化遗产 / 中国大运河博物馆编. -- 杭州：浙江大学出版社，2024.8

ISBN 978-7-308-24957-7

Ⅰ. ①布… Ⅱ. ①中… Ⅲ. ①布达拉宫－介绍 Ⅳ. ①K928.75

中国国家版本馆CIP数据核字(2024)第094875号

布达拉宫：来自雪域的世界文化遗产

BUDALAGONG：LAIZI XUEYU DE SHIJIE WENHUA YICHAN

中国大运河博物馆 编

策划编辑 陈佩钰 吴伟伟

责任编辑 陈佩钰 吴伟伟

文字编辑 蔡一茗

责任校对 金 璐

装帧设计 程 晨

出版发行 浙江大学出版社

（杭州市天目山路148号 邮政编码310007）

（网址：http://www.zjupress.com）

排 版 浙江大千时代文化传媒有限公司

印 刷 上海雅昌艺术印刷有限公司

开 本 889mm × 1194mm 1/16

印 张 25.5

字 数 308千

版 印 次 2024年8月第1版 2024年8月第1次印刷

书 号 ISBN 978-7-308-24957-7

定 价 438.00元

浙江大学出版社市场运营中心联系方式：（0571）88925591；http://zjdxcbs.tmall.com